YITTA HALBERSTAM
E JUDITH LEVENTHAL

PEQUENOS MILAGRES

Coincidências extraordinárias do dia-a-dia

SEXTANTE

Título original: *Small Miracles*

tradução
Waldéa Barcellos

preparo de originais
Regina da Veiga Pereira

revisão
Luis Américo Costa
Sérgio Bellinello Soares

projeto gráfico e diagramação
Valéria Teixeira

capa
Miriam Lerner

fotolitos
RR Donnelley

impressão e acabamento
Bartira Gráfica e Editora S/A

CIP-BRASIL. CATALOGAÇÃO-NA-FONTE
SINDICATO NACIONAL DOS EDITORES DE LIVROS, RJ

M239p Mandelbaum, Yitta Halberstam

Pequenos milagres : coincidências extraordinárias do dia-a-dia / Yitta Halberstam e Judith Leventhal ; tradução Waldéa Barcellos. - Rio de Janeiro : Sextante, 2006

Tradução de: Small miracles

ISBN 85-7542-201-4

1. Coincidência em parapsicologia. I. Leventhal, Judith, 1958-. II. Título.

05-3919. CDD 133.8
CDU 133

Rua Voluntários da Pátria, 45 – Gr. 1.404 – Botafogo
22270-000 – Rio de Janeiro – RJ
Tel.: (21) 2286-9944 – Fax: (21) 2286-9244
E-mail: atendimento@esextante.com.br
www.sextante.com.br

Introdução

Há momentos na vida em que temos um vislumbre da presença de Deus. Às vezes, é quando vemos o rosto radiante de uma criança adormecida; outras, quando ouvimos um trecho de uma melodia que desperta um anseio fora do comum. Esses momentos – que surgem por um instante e desaparecem rapidamente – nos transmitem uma noção do Divino.

Cada folha de árvore ou de relva traz a marca de Deus. Nestes nossos tempos, no entanto, a maioria das pessoas mora em cidades, levando vidas frenéticas, e perdeu o vínculo com a terra que enriquecia nossos antepassados e os ajudava a ver Deus. Ofuscados por arranha-céus e pela névoa de céus poluídos, mal conseguimos vislumbrar as estrelas, muito menos sentir a presença Divina.

Levando, como levam tantos de nós, vidas de alienação e desespero, como podemos nos ajudar a refazer a ligação com Deus, a ligação de uns com os outros e com nosso próprio eu?

Além da natureza há mestres – outras experiências que podem nos ajudar ao longo da viagem. Esses guias, faróis de luz e marcos no labirinto em que vagamos, nos oferecem sugestões delicadas e incentivos solidários à medida que nos impulsionam com firmeza de volta ao caminho do qual possamos nos ter desviado.

Essas experiências de revelação, comuns a todos nós, podem ajudar a nos conduzir ao nosso destino não cumprido. Elas ocorrem dentro de um enorme fluxo de energia universal e não exigem nada além da mera percepção da sua presença. Quando se cultiva a consciência e se aumenta a percepção, essas experiências podem servir como símbolos vitais de crescimento e transformação. Deparar-se com esses momentos em sua plenitude e riqueza, conscientizar-se da sua mensagem e ouvir sua música é verdadeiramente conhecer Deus. Entre essas experiências predomina o fenômeno que chamamos de *coincidências*.

As coincidências receberam várias definições, como "sorte", "acaso", "algo extraordinário" ou uma "conjunção aleatória de acontecimentos inexplicáveis que desafia nossa noção do que é normal". Nós acreditamos com firmeza que as coincidências são muito mais do que simples acidentes ou caprichos do destino. Para nós, as coincidências são bênçãos, o maná espiritual que multidões de anjos nos enviam para iluminar nosso caminho. Trata-se de exemplos nítidos, espantosos, assombrosos da Providência Divina. São atos de Deus.

Relata-se com freqüência que, quando olhava o nascer do sol, o poeta William Blake costumava acolher sua chegada com um grito exuberante: "Santo! Santo! Santo!" É assim que nos sentimos quando surgem coincidências em nossas próprias vidas.

Há milhares de anos, Deus falava aos homens através de milagres sublimes que realizava em escala grandiosa e imponente. Nos tempos modernos, não dispomos desse privilégio. Hoje em dia, lutamos com um Deus escondido, um Deus oculto, um Deus que não mais separa mares, não faz o Sol parar nem transforma pessoas em colunas de sal. Em vez disso, temos coincidências – milagres menores, mais pessoais, do dia-a-dia. Pois, quando uma coincidência de fato ocorre, não é nada mais nada menos do que Deus tocando nosso ombro, sussurrando ou, às vezes, até mesmo gritando: "Eu estou aqui! Estou ao seu lado!"

"As coincidências", disse uma vez a escritora Doris Lessing, "são o jeito que Deus tem de manter o anonimato." *Pequenos milagres* procura arrancar essa fachada de anonimato e demonstrar que esses momentos aparentemente casuais são, sim, a expressão plena e vital da mão de Deus. Nas nossas vidas pessoais, fomos tocadas muitas vezes pelo esplendor de Deus. Neste livro, nosso objetivo é compartilhar as bênçãos abundantes dessa luz celestial.

As coincidências também podem ser vistas como oportunidades para a mudança; peças essenciais para a expansão da nossa consciência. Se conseguirmos aprender a nos tornar mais atentos para as coincidências e sintonizados com elas, mais conhecedores de sua importância, desenvolveremos um estado mais elevado de ser. Quando incorporamos à nossa vida tanto a experiência quanto o significado das coincidências, estamos nos abrindo para as possibilidades enriquecedoras, as bênçãos e o sentido de harmonia com o universo que elas proporcionam.

Escrevemos este livro com um profundo sentido de estima pela mão controladora de Deus. Tanto meu pai quanto o de Judith sobreviveram ao Holocausto, e suas vidas foram salvas por séries inexplicáveis de coincidências fantásticas. Quando éramos crianças, os dois homens, cada um por si, relatavam os milagres que eram parte tão importante das suas histórias. A sobrevivência do pai de cada uma de nós não foi conseqüência do acaso e sim resultado da Providência Divina. Embora cada um desses grandes homens tenha falecido há mais de 10 anos, permanecem a mensagem e o legado espiritual que eles nos transmitiram.

Hoje, tanto Judith quanto eu continuamos a fazer passar por um prisma espiritual a extraordinária quantidade de coincidências que ocorre em nossas vidas. Separadamente, cada uma de nós segue um caminho em busca de um significado mais profundo a partir de uma perspectiva espiritual, em vez de psicológica ou paranormal. Quanto mais atentas estamos, melhor descobrimos que as coincidências estão constantemente se desenrolando em nossas vidas, às vezes com uma velocidade incrível, mas sempre empolgante.

As coincidências contidas neste livro têm como origem entrevistas pessoais, bem como diversas outras fontes, incluindo-se entre elas jornais, televisão, livros e revistas. Algumas são enternecedoras; outras, assombrosas. Algumas representam um pequeno toque numa direção específica que irá transformar uma vida. Outras demonstram como o universo responde a uma pergunta. Há coincidências que oferecem sinais ao protagonista, confirmando que ele ou ela está no caminho certo ou agiu da forma correta. No entanto, da mesma forma que as histórias revelam com impacto a presença de Deus, elas também transmitem ensinamentos profundos e preciosas lições que podem enriquecer nosso espírito e nos fortalecer para que vivamos mais plenamente. Para ajudar no seu caminho, interpretamos muitas das histórias, acrescentando ao final um comentário sobre seu significado e valor. Como nem todas as pessoas citadas no livro quiseram revelar sua identidade, usamos pseudônimos em algumas histórias. Esses nomes aparecem seguidos de um asterisco.

Esperamos que, depois de ler essas histórias, você seja capaz de absorver os pequenos milagres que surjam na sua vida com uma mentalidade mais aberta e um olhar diferente. Como ficará claro, as coincidências podem ser alimento em tempos de fome, esclarecimento em tempos de confusão e conforto em tempos de necessidade.

Conta-se a história de um homem santo que irradiava uma extraordinária aura de alegria e paz interior. Um brilho sobrenatural, quase celestial, emanava de seu corpo e atraía grandes multidões que o acompanhavam por toda parte. "Abençoado", gritavam para ele, "o senhor é um deus?" "Não", respondia ele. "É um anjo?" "Não." "É um profeta?" "Não, só estou acordado."

Esperamos que *Pequenos milagres* o desperte para a rica promessa de um universo generoso e para o esplendor latente na sua alma. As coincidências estão por toda parte e podem acontecer a qualquer hora. Você só precisa abrir seu coração.

Não sei se é a repórter obstinada que tenho dentro de mim ou a romântica incurável, mas, por algum motivo estranho que não consigo explicar bem, costumo me flagrar lendo com atenção o "correio sentimental" em vários jornais, semana após semana. Estou casada há 19 anos e sem dúvida não estou procurando outro parceiro. No entanto, fico totalmente fascinada por esses anúncios. O drama do dia-a-dia reflete-se neles, que são um testemunho eloqüente das esperanças, sonhos e capacidade de resistência do espírito humano.

De vez em quando encontro um anúncio que realmente me parece adequado para uma amiga solteira ou para minha mãe viúva e lhes passo o número da caixa postal, recomendando que respondam. No entanto, a maior parte do tempo só leio esses anúncios por pura curiosidade e por um desejo insaciável de saber o que se esconde nos corações românticos.

Um dia, eu estava passando os olhos pelo correio sentimental de um jornal local quando me deparei com um anúncio diferente. "Ora, esse é fora do comum!", pensei. "Será que é verdadeiro?" O anúncio que chamou minha atenção dizia: "Henrietta – você se lembra de termos nos encontrado e namorado em Camp Tamiment em 1938? Nunca me esqueci de você. Por favor, me telefone. Irving..." E vinha um número de telefone, em vez da caixa postal, como é mais comum. "Será que é algum tipo de piada?", pensei em voz alta.

A noite inteira não consegui tirar o anúncio da cabeça. "Esse tipo de anúncio custa caro", pensei. "Por que alguém iria gastar tanto dinheiro numa piada? E, afinal de contas, qual é a piada nesse caso?" Finalmente, de manhã, não agüentei mais e decidi que simplesmente precisava saber a verdade. Reuni coragem e disquei o número do anúncio.

Assim que uma voz madura atendeu, eu soube que não se tratava de uma piada, mas da realidade. Naquele momento, quase me arrependi de ter dado o telefonema e esperei não ter despertado nem por um instante as expectativas do velhinho.

– Bem, eu não sou Henrietta – disse logo – e espero que o senhor não se incomode... mas seu anúncio me deixou tão fascinada que eu simplesmente tive de ligar para descobrir... qual é a história?

Gentil e educado, de uma forma que infelizmente está fora de moda nestes nossos dias, Irving satisfez com simpatia minha curiosidade, relatando a seguinte história:

"Em 1938, Henrietta e eu éramos monitores em Camp Tamiment, uma colônia de férias na Pensilvânia, e nos apaixonamos. Tínhamos certeza de que éramos feitos um para o outro, de que havíamos encontrado a 'pessoa certa'. No entanto, os pais de Henrietta não concordaram. Na época, ela estava com 17 anos, e eles achavam que ela era muito nova para se envolver num relacionamento sério. Desse modo, no outono, para afastá-la de mim, eles a mandaram para a Europa, onde ela morou alguns anos. Lá, Henrietta conheceu outro homem, com quem se casou. Magoado, acabei me casando com outra pessoa. Nunca amei minha mulher com a mesma paixão com que amei Henrietta, mas tivemos um bom casamento. Ela morreu há três anos e ando me sentindo muito só desde essa época. Ultimamente, passei a pensar muito em Henrietta e comecei a me perguntar se ela ainda estaria viva. E, caso esteja, se ainda está casada. Mas, se estiver só, agora, talvez pudéssemos voltar a acender nosso velho amor. Bem, você já entendeu. Eu posso estar sendo bobo, mas tive a esperança, contra todas as probabilidades, de que de algum modo Henrietta visse o anúncio. Ou pelo menos alguém que a conhecesse. Entendo que minhas chances são ínfimas, mas achei que no mínimo deveria tentar."

Fiquei muito comovida com o relato de Irving e me descobri maravilhada com a esperança que reside no espírito humano, a confiança e a capacidade de recuperação que animam a alma. A fé que Irving tinha nas possibilidades do futuro, aos 71 anos de idade, era de fato comovente. Perguntei a Irving se ele se importaria que eu escrevesse uma matéria sobre sua procura por Henrietta, e ele concordou logo, mas infelizmente o editor da minha revista não gostou nem um pouco da idéia. Mesmo assim, como estava fascinada por saber o resultado da busca de Irving e também já havia criado um afeto por ele ao telefone, guardei seu número e liguei para ele de vez em quando para ver como a história se desenrolava. Infelizmente, ele nunca recebeu o telefonema que aguardava.

Em 1993, dois anos depois do meu primeiro contato com Irving, eu estava no metrô de Nova York, mais uma vez absorta na leitura do correio sentimental de um jornal de subúrbio, quando ouvi um risinho delicado ao meu lado.

– À procura de um novo marido, querida? – perguntou risonha a mulher ao meu lado, olhando nitidamente para minha aliança e para a página do correio sentimental aberta no meu colo.

– Ah – corei, ligeiramente embaraçada. – Só leio para me divertir. Sabe? Por curiosidade. Nunca lhe deu essa vontade?

– Não – disse ela, abanando a cabeça, categórica. – É muito sofrimento nessas páginas. Esses anúncios me partiriam o coração. – Ela se voltou para mim com um sorriso simpático. – Não é sempre fascinante? Os pontos de vista diferentes que as pessoas têm sobre a mesma coisa?

Senti que meu interesse por ela aumentava. "Que mulher inteligente!", pensei, com prazer.

– De certo modo, a senhora tem razão – concordei. – Há mesmo muito sofrimento nessas páginas. – E comecei a lhe contar a história da doce busca de Irving por Henrietta. Ela pareceu hipnotizada pelo relato. – Bem – acabei concluindo –, gostaria de poder dar um final feliz à história e lhe dizer que Irving encontrou Henrietta, mas infelizmente isso não aconteceu. Ou ela já morreu, mora em outra cidade ou simplesmente não lê o correio afetivo.

– É a terceira opção, querida – disse a mulher, afagando meu braço com delicadeza. – Confie em mim, eu sei.

Surpresa, olhei para o rosto enrugado que mantinha vestígios de uma beleza majestosa que há muito havia perdido seu viço.

– Você ainda tem o número do telefone? – ela perguntou.

Comentário

A esperança é algo que traz o sol às sombras das nossas vidas. É nosso vínculo com um amanhã melhor. Quando a esperança se vai, também se vai nossa força vital. Enquanto a esperança permanece viva, também permanece nossa determinação de prosseguir.

Eu estava caminhando por uma rua mal iluminada tarde da noite quando ouvi gritos abafados vindo de trás de um grupo de arbustos. Alarmado, segui mais devagar para poder escutar e entrei em pânico quando percebi que o que estava ouvindo eram os ruídos inconfundíveis de uma luta: grunhidos fortes, esforços desesperados, tecido sendo rasgado. A alguns metros de distância, uma mulher estava sendo atacada.

Será que eu deveria me envolver? Estava apavorado, temia por minha própria segurança e amaldiçoei minha súbita decisão de fazer um trajeto diferente para casa naquela noite. E se eu me tornasse mais um número nas estatísticas? Será que não deveria simplesmente correr até o telefone mais próximo e chamar a polícia?

Embora parecesse uma eternidade, as deliberações na minha cabeça demoraram apenas segundos, mas os gritos da garota já estavam ficando mais fracos. Eu sabia que precisava agir com rapidez. Como poderia me afastar de uma situação semelhante? Não, resolvi finalmente, eu não daria as costas ao destino dessa mulher desconhecida, mesmo que isso significasse arriscar minha vida.

Não sou um homem valente nem atlético. Não sei onde encontrei a coragem moral e a força física; mas, quando finalmente decidi ajudar a garota, senti uma estranha transformação. Corri para trás dos arbustos e arranquei o agressor de cima dela. Engalfinhados, caímos no chão, onde lutamos alguns minutos até que o agressor deu um salto e fugiu. Ofegante, pus-me de pé com dificuldade e me aproximei da garota, que estava soluçando agachada atrás de uma árvore. Na escuridão, eu mal via sua silhueta, mas sem dúvida percebi como tremia do choque.

Sem querer assustá-la ainda mais, primeiro falei com ela de longe.

– Está tudo bem – disse em tom tranqüilizador. – O homem fugiu. Agora você não corre mais perigo.

Houve um longo silêncio e então ouvi suas palavras, ditas com espanto, com assombro:

– Papai, é você?

E então, de trás da árvore, saiu minha filha mais nova, Katherine.

GREG O'LEARY*

Comentário

Muitas pessoas temem que suas boas ações não sejam recompensadas. Com freqüência ouvimos a máxima cínica: "Toda boa ação será castigada." No entanto, esse é um nítido exemplo de que muitas vezes é exatamente o oposto o que acontece. Ao resolver arriscar a vida por uma desconhecida, o pai acabou salvando a vida da própria filha. E, na sua determinação de ajudar o outro, o pai descobriu a espantosa força e o poder da vontade. Em circunstâncias normais, ele não teria sido capaz de reunir a força física necessária para repelir o estuprador. No entanto, sua vontade era tão grande que ele tirou forças de uma fonte desconhecida e não utilizada. Nós temos capacidades das quais nem nos damos conta. Ao se dispor a fazer o bem a outra pessoa, esse homem fez algo maravilhoso para si mesmo.

Carol Anderson era uma jovem viúva cujo marido havia morrido de câncer aos 35 anos de idade. Bob Edwards era um jovem viúvo cuja mulher havia morrido num acidente de automóvel aos 29 anos de idade. Os dois casamentos haviam sido extremamente felizes e tanto Carol quanto Bob tinham certeza de que nunca mais amariam ou se casariam. Depois de muitos anos de solidão e sofrimento, eles se conheceram num jantar da igreja e começaram a namorar. Quando noivaram e depois se casaram, diziam a todos que "era um milagre" terem encontrado um ao outro. Seu relacionamento era forte e amoroso. O único problema era que os dois tinham opiniões diametralmente opostas acerca do que fazer a respeito do passado.

Carol ansiava por enterrá-lo; Bob sentia necessidade de investigá-lo. Carol nunca sentia vontade de conversar sobre o seu casamento anterior. Mas Bob tinha curiosidade pelos mínimos detalhes da vida de Carol antes de se encontrarem e ficava magoado por ela demonstrar um total desinteresse pela dele.

– Para que mexer com fantasmas? – perguntava Carol quando Bob continuava com suas sondagens sutis e perguntas delicadas.

– As lembranças deveriam ser preservadas, não esquecidas – respondia Bob.

Essa situação durou anos, com o ponto de vista de Carol acabando por prevalecer. Conseqüentemente, eles nunca compartilharam histórias, fotografias ou lembranças dos primeiros casamentos.

Dez anos depois, Carol concluiu que seu casamento já estava bastante seguro para suportar quaisquer investidas do passado.

– Tudo bem – disse a Bob um dia. – Estou disposta a conversar. – Começou então a falar do seu primeiro casamento e mostrou alguns álbuns de fotografias que havia escondido dele durante todos aqueles anos. – Estes são da nossa lua-de-mel – disse, começando a folhear um dos álbuns. – Fomos à França. Ah... aqui nós estamos em Lurdes.

– Vocês foram a Lurdes? – perguntou Bob, sem grande interesse. – Nós também.

– Bem, acho que metade do mundo vai a Lurdes – disse Carol, rindo. – Nada de importante. Todas as pessoas procuram bênçãos e milagres na sua vida.

– Espere aí, Carol, vire essa folha de volta – disse Bob de repente. – Deixe-me ver de novo essa foto sua com Ralph. – Carol prontamente virou a página.

– Carol – perguntou o marido, tenso –, quem é aquele casal ao fundo?

– Não faço a menor idéia. No instante em que o fotógrafo tirou o retrato, um casal passou e foi apanhado na foto. Na fotografia tem-se a impressão de que eles estão atrás de nós, quase como se estivessem fazendo uma pose, mas é só uma ilusão.

– Você está errada, Carol – disse Bob, lentamente. – Não foi um engano; foi o destino. Sabe... esse casal ao fundo... sou eu com minha primeira mulher.

Comentário

Milhões de pessoas visitam Lurdes a cada ano. Quais eram as probabilidades de Carol e Bob estarem não só no mesmo lugar na mesma hora, mas também "por coincidência" aparecerem juntos numa foto do santuário? Quando a foto foi tirada, eles moravam em regiões diferentes dos Estados Unidos e não eram membros da mesma associação, organização ou grupo de turistas. Os dois não estavam ligados sob nenhum aspecto – a não ser nos planos de Deus. As pessoas que fazem peregrinações a Lurdes costumam na maioria das vezes ser doentes, inválidas e idosas, ao invés de jovens como Carol e Bob. A vida estava apenas começando para cada um dos casais e aparentemente nem Bob nem Carol precisavam de um milagre. Mas precisavam... só que na época ainda não sabiam.

Os móveis da minha copa estavam num triste estado. Forçados a servir de cenário para jogos infantis como a dança das cadeiras e Forte Apache, eram mera sombra dos reluzentes móveis cromados de que eu tanto me orgulhava. O estofamento estava saindo dos assentos. Era horrível de se ver, e eu me sentia envergonhada cada vez que chegava alguma visita.

Em fevereiro de 1996, ganhei algum dinheiro e resolvi esbanjar num novo conjunto para a copa. Explorei as lojas das vizinhanças recomendadas por amigas experientes e finalmente encontrei um conjunto que fez meu coração cantar. Apaixonei-me por sua aparência suave, elegante, moderna, pelos ângulos nítidos e acentuados das cadeiras e por seu acabamento preto e branco em fórmica. No entanto, não fiquei tão feliz ao descobrir seu preço: US$ 680, mais do que eu havia imaginado gastar.

– A senhora tem enorme bom-gosto! – disse-me o dono da loja. – Escolheu um dos modelos que mais vendem. – Suspirei. Resumo da minha vida: gostar de champanhe, com orçamento para cerveja! Eu realmente não queria gastar tanto dinheiro assim, mas o conjunto realmente me tentava. Fiquei ali indecisa até que finalmente meu lado prático assumiu o comando.

– Sinto muito, mas simplesmente não posso gastar tudo isso. Muito obrigada – disse, entristecida, ao dono da loja. Enquanto deixava a loja, dei um último olhar desejoso ao conjunto de copa dos meus sonhos.

Na semana seguinte, liguei para uma amiga famosa por sua extraordinária capacidade para encontrar pechinchas e ela me deu uma lista de lojas especializadas. De posse da lista, saí para fazer minhas pesquisas mais uma vez.

O dia amanheceu cinzento e nublado, o tipo de dia que invariavelmente faz esmorecer o ânimo e reduz o entusiasmo das pessoas, mesmo para sair em busca de pechinchas. Mas eu estava determinada a cumprir minha programação e dirigi até a primeira loja da minha lista. Não sei bem como, minha amiga havia cometido um engano: todos os conjuntos ali tinham preço bastante superior a mil dólares. Agradeci, embaraçada, ao dono da loja e bati rapidamente em retirada. A essa altura, já chovia forte, e corri para o meu carro, estacionado a um quarteirão de distância.

Foi então que eu a vi. Uma mulher idosa, arrastando os pés lentamente na chuva torrencial, usando apenas um vestido de algodão e tênis, sem guarda-chuva, capa ou chapéu para protegê-la da chuva fustigante. Estava pálida, fraca e vulnerável. Também me parecia vagamente familiar, e eu interrompi minha corrida até o carro para abordá-la. Quando me aproximei mais, fiz a associação. Era uma mulher pobre que uma organização de caridade mandava todos os anos à loja que eu possuía, para doações de roupas. Eu tinha um acordo com essa organização segundo o qual eu dava, por indicação deles, roupas de graça aos pobres da vizinhança. Ela vinha uma vez por ano, com regularidade, para se prover de roupas, mas eu nunca a havia visto fora da loja antes.

– Linda – perguntei, preocupada –, por que você está na rua num dia desses? – Ela começou a soluçar. – Vou levá-la de carro aonde quiser ir – disse eu, empurrando-a para o meu carro. – Qual é o problema?

Ela descarregou sua história de tristezas e eu fiquei abalada. Linda tinha uma filha retardada e casada com um homem retardado. Surpreendentemente, eles haviam conseguido construir uma vida feliz a dois e tinham dois filhos normais. Infelizmente, porém, em decorrência das suas deficiências, não conseguiam ganhar o suficiente para sustentar seu modesto estilo de vida. Aqui e ali conseguiam biscates eventuais e alguma ajuda mínima do governo, mas não o suficiente com que viver. Os pais do marido haviam morrido, e a própria Linda vivia da previdência social. Impossibilitada de pagar o aluguel, a filha havia recebido ordem de despejo, e o proprietário avisara que, se não recebesse o valor vencido até aquele dia, ela e a família seriam despejadas do imóvel, sem ter para onde ir.

Eu tinha 300 dólares no bolso. Enquanto Linda chorava de dar pena, saquei uma nota de 100 dólares e lhe entreguei. Ela olhou fixamente para a nota, espantada, deu-me um beijo, agradeceu efusivamente, mas continuou a chorar. Pensei um pouco e então saquei uma segunda nota de 100 dólares, que também lhe entreguei. Ela demonstrou sua enorme gratidão uma segunda vez, mas suas lágrimas ainda escorriam incontidas. Hesitei de novo, mas pensei, "Ora, e daí? O que é um conjunto de copa em comparação com o despejo de uma família?", e lhe entreguei a última nota de 100 dólares. Deixei-a então no escritório da organização de caridade da qual ela esperava obter maior ajuda e dei-lhe um beijo de despedida.

Quando saí com o carro, meu estado de espírito era positivo; eu estava confiante de ter agido da forma certa. Sentia orgulho por ter feito o sacrifício. No entanto, à medida que ia me aproximando do meu destino, a segunda loja de conjuntos de copa da minha lista, comecei a duvidar, dominada por emoções conflitantes. Talvez eu fosse uma tola, fácil de levar uma "facada". Talvez eu devesse ter dado somente 100. Talvez a organização de caridade, financiada por indivíduos sem dúvida mais prósperos do que eu, pudesse ter arcado com o custo total do aluguel, e meu sacrifício tivesse sido desnecessário. Já não tinha mais certeza se minha doação de 300 dólares havia sido necessária ou sequer justificada.

No entanto, assim que entrei na loja de móveis, minha ansiedade quanto ao dinheiro se dissipou, pois minha atenção foi atraída pelo conjunto de copa dos meus sonhos, exatamente o mesmo conjunto pelo qual eu me havia apaixonado na semana anterior, exposto bem no centro do salão.

– Por favor, qual é o preço daquele conjunto ali, o branco com a barra de fórmica preta? – perguntei, emocionada, ao vendedor que me abordou.

– Bem... – disse ele, devagar. – É um conjunto realmente muito caro, mas a senhora sabe... sua produção vai logo ser interrompida. Por isso não me importo de lhe vender o do mostruário com desconto. Geralmente é muito mais caro, mas posso entregá-lo para a senhora por... 380 dólares! – Exatamente 300 dólares a menos do que o conjunto original que eu havia visto na semana anterior.

Por uma fração de segundo, fechei os olhos para agradecer a Deus pela bênção dada ao meu ato de caridade e também... pelo conjunto de copa!

YITTA HALBERSTAM MANDELBAUM

Comentário

Na medida em que damos aos outros, o universo nos retribui.

Naquele ano, o inverno na cidade de Nova York estendeu-se preguiçoso até o final de abril. Por morar sozinha e ser cega, procurei ficar dentro de casa a maior parte do tempo.

Finalmente, um dia, a friagem passou e a primavera se apresentou, enchendo o ar com um perfume forte e estimulante. Do lado de fora da minha janela do quintal, um passarinho alegre não parava de chilrear, como que me chamando para fora de casa.

Em consideração à instabilidade de abril, não abandonei meu casaco de inverno, mas, em reconhecimento à mudança na temperatura, deixei de lado meu cachecol, chapéu e luvas de lã. Peguei minha bengala de três seções e saí animada para minha varanda aberta, que levava direto à calçada. Voltando o rosto para o sol, dei-lhe um sorriso de boas-vindas, grata por seu calor e pela promessa do verão.

Enquanto seguia pela tranqüila rua sem saída, minha vizinha me cumprimentou com sua voz melodiosa e perguntou se eu queria uma carona para onde estava indo.

– Não, obrigada – respondi. – Estas minhas pernas descansaram o inverno inteiro e as juntas estão precisando muito de um passeio. Por isso, acho que vou andando.

Ao chegar à esquina, esperei, como era meu costume, que alguém se aproximasse e permitisse que eu o acompanhasse quando o sinal ficasse verde. Pareceu demorar mais do que o normal para o ruído do trânsito parar, mas não recebi nenhuma oferta de ajuda. Enquanto estava ali em pé, paciente, comecei a cantarolar uma melodia que me voltou à lembrança vinda do fundo da minha cabeça. Era uma canção de "boas-vindas à primavera" que eu havia aprendido na escola quando ainda criança.

De repente, ouvi uma voz masculina forte e bem modulada.

– Você parece um ser humano muito alegre. Posso ter o prazer da sua companhia para atravessar a rua? – Lisonjeada por tanto cavalheirismo, fiz que sim, sorrindo e murmurando um "sim" que mal se ouviu.

Delicadamente, ele segurou meu braço e descemos do meio-fio. Enquanto atravessávamos devagar, conversamos sobre o assunto mais óbvio, o tempo, e sobre como era bom estar vivo num dia daqueles. Como andávamos com o mesmo passo, era difícil determinar quem era o guia e quem estava sendo guiado.

Mal havíamos chegado ao outro lado da travessia, quando buzinas impacientes começaram a soar novamente no que sem dúvida era a mudança do sinal. Demos mais alguns passos para nos afastar do meio-fio. Voltando-me para ele, abri a boca para agradecer pela ajuda e pela companhia. Antes que dissesse qualquer palavra, ele já estava falando:

– Não sei se você percebe como é gratificante encontrar uma pessoa tão bem disposta para acompanhar um cego como eu na travessia de uma rua.

Aquele dia de primavera ficou comigo para sempre.

CHARLOTTE WECHSLER

Comentário

Às vezes, quando nos sentimos mais sós no universo, Deus nos manda um "gêmeo" – uma imagem semelhante – para diminuir nossa sensação de isolamento e disparidade.

Ele nasceu para levar uma vida privilegiada e – como a época ordenava – rebelou-se violentamente aos 19 anos de idade. Trajando o uniforme de brim desbotado e rasgado da sua geração, Joey Riklis* abandonou a faculdade, largou o emprego de meio expediente e anunciou ao seu pai viúvo que ia viajar para a Índia em busca de "iluminação". Adam Riklis suportou o golpe com tranqüilidade e elegância, respeitando o conselho de amigos que recomendaram paciência, tolerância e amor. Joey estava agindo de modo "normal para sua idade", explicaram, confiantes e certos de que a tempestade logo passaria. Portanto, Adam disse ao filho que entendia que ele estava testando as asas e moldando sua própria identidade, e lhe garantiu que aceitava sua decisão. No entanto, quando Joey revelou um dia que havia rompido os laços com sua religião, o pai perdeu o controle.

Adam Riklis era sobrevivente do Holocausto. Toda a sua família havia sido assassinada pelos nazistas, e ele sozinho havia suportado as provações atrozes de três campos de concentração. Ao saber que era o único sobrevivente da família, havia feito em silêncio o voto de que a religião pela qual seus parentes haviam morrido não morreria com ele. Embora muitos sobreviventes houvessem assumido a atitude oposta, abandonando a religião da sua juventude cheios de raiva e dor, a perspectiva de Adam havia sido totalmente diferente. Abandonar a religião dos seus parentes exterminados seria uma traição às suas vidas... e às suas mortes.

Em Cleveland, Adam se havia aferrado às tradições e rituais religiosos judaicos, incorporando-os meticulosamente à rotina da família. Mandou os filhos para a escola hebraica, costumava levá-los com regularidade à sinagoga e se certificou de que eles cumprissem estritamente a lei religiosa. Sentia orgulho por ter criado filhos religiosos que levariam adiante a herança cultural da família. Agora, porém, seu próprio filho estava anunciando que desprezava esse legado, que desdenhava as perdas sofridas pela família. Adam conseguia suportar qualquer coisa, menos isso.

– Saia da minha frente! – berrou para Joey. – Saia da minha casa e não volte nunca mais! Você não é meu filho. Eu o renego do meu coração, da minha alma, da minha vida. Não quero vê-lo nunca mais na vida!

– Ótimo, por mim tudo bem – respondeu Joey aos gritos –, porque eu também não quero vê-lo nunca mais!

Na Índia, Joey viajou de um guru para outro, procurando a sabedoria, a espiritualidade, respostas concretas para os mistérios insondáveis da vida. Durante suas viagens, ele se uniu a Sarah, seu equivalente feminino sob muitos aspectos. Ela também havia saído de um lar de judeus religiosos e estava à procura de outro caminho espiritual. Os dois tinham certeza de serem "almas gêmeas". Já estavam juntos havia seis anos quando Joey se encontrou por acaso com um antigo colega de escola de Cleveland numa esquina em Bombaim.

Joey e Sammy abraçaram-se, felizes. "Isto é incrível!", disseram um ao outro. Estavam trocando avidamente histórias das suas respectivas aventuras quando Sammy falou em tom sombrio:

– É, Joey, senti muito mesmo quando soube do seu pai.

– Meu pai? – repetiu Joey, sem entender. – O que você está querendo dizer?

– Ai, meu Deus, desculpe. Então você não sabe...

– Não sei o quê? – perguntou Joey, agora tenso de pavor.

– Bem, Joey, seu pai morreu há uns dois meses. Ninguém lhe escreveu?

– Ninguém sabia onde eu estava – respondeu Joey, devagar, estarrecido com a notícia. – De que ele morreu?

– De um ataque do coração.

– Não foi de um ataque – disse Joey, com os olhos cheios de lágrimas. – Foi mais de coração partido, tenho certeza. E eu sou a causa. Eu o matei. Matei meu próprio pai.

– Joey, não seja ridículo – murmurou Sarah, tocando seu ombro, compadecida. – Você não teve nada a ver com a morte do seu pai!

– Sarah, você está enganada – respondeu Joey. – Eu tive tudo a ver com a morte do meu pai!

Durante alguns dias, Joey viveu como que entorpecido, desnorteado de dor e remorso. Tinha a certeza avassaladora de que o sofrimento que havia causado ao pai lhe tirara a vida. No fundo, sempre havia esperado por uma reconciliação. Agora, ele nunca mais poderia pedir perdão ao pai ou voltar para o caloroso abraço do seu amor.

– Sarah – disse ele, abanando a cabeça, entristecido –, não dá mais para eu continuar desse jeito. A Índia não tem mais graça para mim. Sei que você vai me achar estranho, mas preciso ir... a Israel.

– Israel?! – exclamou Sarah, surpresa, franzindo o nariz com repugnância como só um rebelde religioso inveterado conseguiria. – Por que você quer ir a Israel?

– Só estou sentindo esse impulso, Sarah. Não dá para explicar, mas preciso ir.

– Está bem, está bem, então vamos – concordou Sarah, insatisfeita.

Quando o avião aterrissou, Joey voltou-se para Sarah e disse que queria ir rezar.

– Você está querendo me apavorar, Joey? – perguntou ela.

– Sarah, por favor! Quero ir ao Muro. É a única estrutura que resta do Primeiro e do Segundo Templo, considerado o local mais sagrado de Jerusalém. Acredita-se que a presença de Deus seja mais forte ali do que em qualquer outro ponto de Israel. É aonde pessoas do mundo inteiro vão para orar, implorar a Deus, pedir milagres. O que eu quero fazer é implorar o perdão do meu pai. Você me entende?

– Estou entendendo muito bem, Joey. Vejo que você não é o mesmo Joey que conheci todos esses anos. Você costumava rir comigo de toda essa bobagem. E agora quer ir orar diante de um muro.

– Olhe, Sarah, estou sofrendo. Eu amava meu pai. Ele morreu. Minha impressão é a de que eu o matei. Por que você está dificultando tanto as coisas para mim?

Os dois discutiram por uma hora e acabaram decidindo se separar.

– Sarah, não sei por que isso está acontecendo – disse Joey, entristecido. – Eu achava que você era minha alma gêmea.

– E sou – disse ela baixinho, dando-lhe um beijo terno e pesaroso. – Mas nossas almas simplesmente não estão mais em sintonia. Adeus, Joey.

Aproximando-se do Muro a pé, Joey de longe observou os grupos de pessoas que deixavam a praça apinhada. Etíopes com barretes africanos, iemenitas nas tradicionais túnicas brancas, americanos usando camisetas e pequenos solidéus. Todos vinham tocar as pedras frias com os lábios, chorar lágrimas mornas e, fervorosos, rogar a Deus que atendesse a seus pedidos pessoais.

Joey abordou um segurança, um dos muitos que examinavam, tensos, a multidão.

– Por favor, existe algum lugar por aqui onde eu possa conseguir um livro de orações?

Em silêncio, o segurança apontou na direção de um rabino barbudo, que estava distribuindo artigos religiosos (solidéus, livros de orações, véus para as mulheres) aos não-iniciados.

Com um solidéu emprestado e segurando um livro de orações, Joey encaminhou-se para um trecho do Muro. Observando os outros e imitando seus movimentos, ele encostou a cabeça na pedra lisa, procurou encobri-la com o braço para criar uma aura de privacidade e começou a orar em silêncio. Achava que as palavras lhe pareceriam estranhas depois de todos esses anos, mas, em vez disso, elas fluíam dele numa sucessão familiar e reconfortante. Joey fechou os olhos e recordou a entoação que seu pai dava àquelas mesmas palavras, à medida que ia sendo transportado de volta na lembrança a territórios diferentes, ao mundo da sua juventude.

– Ai, papai – disse aos soluços. – Como eu queria poder pedir seu perdão! Como queria poder lhe dizer como o amo! Como me arrependo de toda a dor que lhe causei! Eu não pretendia feri-lo, estava só tentando encontrar meu caminho. Você era tudo para mim. Queria poder lhe dizer isso.

Quando Joey terminou sua oração, ele se voltou, sem saber o que fazer em seguida. Notou, então, que as pessoas ao seu redor escreviam bilhetes e os inseriam nas fendas do Muro. Curioso para saber o que significava esse comportamento, ele abordou um rapaz.

– Com licença, por que tantas pessoas estão enfiando pedacinhos de papel nas fendas do Muro?

– Ah, são seus pedidos – respondeu o jovem –, suas orações. Acredita-se que as pedras sejam tão sagradas que pedidos colocados dentro delas recebam uma bênção especial.

– Eu posso fazer isso também? – perguntou Joey, intrigado.

– Claro! Mas saiba que não é fácil encontrar uma fenda vazia! – disse o rapaz, rindo. – É que os judeus vêm aqui há séculos para importunar Deus com suas orações!

Joey escreveu: "Querido pai, imploro-lhe que me perdoe pela dor que lhe causei. Eu o amava muito e nunca me esquecerei de você. E, por favor, saiba que nada do que me ensinou foi em vão. Não trairei os mortos da sua família. Eu prometo."

Quando terminou de escrever o bilhete, Joey procurou uma fenda vazia. O rapaz não havia exagerado. Todas as fissuras da parede estavam cheias, entulhadas, repletas de bilhetes de suplicantes, e ele levou quase uma hora para encontrar um canto que lhe pareceu vazio. Mas, quando Joey enfiou seu próprio papelzinho na fenda, acidentalmente fez cair no chão outro que já estava lá. "Ai, não! Tirei do lugar o papel de outra pessoa", pensou Joey, com um pouco de pânico, perguntando-se o que deveria fazer. Abaixou-se para recuperá-lo e, segurando o papel enrolado na palma da mão, começou a procurar por outro espaço no qual pudesse enfiá-lo. De repente, porém, dominado por uma curiosidade tremenda, Joey desenrolou a nota para examinar seu teor. E leu o seguinte:

"Meu querido filho Joey, se algum dia você vier a Israel e por algum milagre encontrar este bilhete, eis o que eu quero que você saiba: eu sempre o amei, mesmo quando você me magoou, e nunca vou deixar de amá-lo. Você é e sempre será meu filho amado. E, Joey, por favor, saiba que eu o perdôo por tudo, e só espero que você, por sua vez, perdoe um velho bobo." O bilhete estava assinado "Adam Riklis, Cleveland, Ohio".

– O senhor está passando bem? Senhor... senhor? – A voz incorpórea vinha de longe, rompendo os devaneios de Joey. Ele não sabia quanto tempo ficara em pé ali, entorpecido, paralisado de choque, segurando o bilhete do pai na mão trêmula, com as lágrimas escorrendo pelo rosto. Desnorteado, ele se voltou para encarar o rapaz que momentos antes lhe dera informações sobre a redação de pedidos.

– Ouça – disse o rapaz afetuosamente, passando o braço com compaixão em volta do ombro de Joey. – Você não precisa me contar. Já vai começar o Sabá. O sol está quase se pondo. Gostaria de passá-lo comigo?

Três anos depois, Joey havia voltado para sua religião e dedicava todo o seu tempo aos estudos rabínicos.

– Acho que está na hora de você se casar – disse-lhe o rabino-chefe um dia. – Minha mulher gosta de se fazer de casamenteira e diz que conhece a moça perfeita para você, sua verdadeira alma gêmea. É alguém como você, que voltou ao judaísmo e estuda na escola feminina da minha mulher. Venha jantar em nossa casa hoje à noite; ela estará lá.

Naquela noite, Joey entrou na casa do rabino e foi encaminhado à sala de estar. Ali, sentada no sofá, estava nada mais nada menos do que seu antigo amor, Sarah. Os dois se encararam com surpresa e assombro.

– Como... como isso aconteceu, Sarah? – perguntou Joey, perplexo.

– Bem, depois que nos separamos, comecei a vagar por Israel. Pensei que, já que estava lá, era melhor conhecer o país antes de voltar para a Índia. Por isso, comecei a fazer caminhadas e, a contragosto, me apaixonei pelo país, pelas pessoas e... pela religião. Um dia, alguém me falou de uma maravilhosa escola feminina, e aqui estou!

– Sarah, pensei tanto em você todos esses anos...

– Bem, acho que nossas almas estão em sintonia agora – disse ela baixinho, quando se voltou para ele com um sorriso acolhedor.

Na faculdade de Sullivan County, os estudantes começavam a entrar para os cursos de verão.

– Ei, olha quem está ali – disse uma garota, apontando para um rapaz alto de cabelos escuros e encaracolados. – É o Eddy.

– Estranho – respondeu a amiga. – Achei que Eddy havia pedido transferência para a faculdade de Nassau, em Long Island. Acho que me enganei. – As duas moças acenaram para a pessoa que achavam que era Eddy. Na realidade, tratava-se de um rapaz chamado Robert Shafran, e esse era seu primeiro dia na faculdade.

Pouco depois, um colega que vinha correndo para chegar à sala de aula viu Robert com o canto do olho.

– Oi, cara – gritou ele. – Bom te ver. A gente se fala mais tarde – e passou apressado.

Robert estava pasmo. Ele sabia que nunca vira aquela pessoa antes e, no entanto, havia sido cumprimentado como se fossem amigos íntimos. Exatamente quando Robert estava ruminando a respeito disso, uma bela garota lhe deu um beijo que obviamente significava mais do que um "olá".

Robert ficou perplexo. Nunca havia sido alvo de tantas demonstrações de carinho. Entrou na sala para sua primeira aula e mal sentou-se, quando um perfeito desconhecido se aproximou dele, exigindo desculpas.

– Mas por quê? – perguntou Robert, estarrecido. – Nem conheço você.

– Que história é essa de que não me conhece? – disse o desconhecido.

Robert ficou alarmado e avisou:

– Olha, eu não sou quem você está pensando.

O desconhecido lançou um olhar de provocação para Robert, deu uns resmungos entre dentes e se afastou.

Esses encontros continuaram a acontecer ao longo do dia. Enquanto isso, um estudante chamado Michael Dominitz soube que um sósia do seu melhor amigo havia sido visto no campus. Michael procurou por todos os cantos e prendeu a respiração quando afinal viu Robert de longe. Sem dúvida havia uma semelhança extraordinária entre aquele rapaz e Eddy Galland, seu grande amigo. Michael aproximou-se de Robert.

– Uau, você é uma cópia exata do meu melhor amigo! – exclamou, tirando uma foto da sua carteira. – Aqui, dê uma olhada – disse ele, mostrando uma foto de Eddy – e me diga o que acha.

Agora era a vez de Robert ficar assombrado, enquanto olhava o que parecia ser uma foto dele mesmo. Estava perplexo, exatamente como todas as outras pessoas que haviam cometido o engano naquele dia.

– Qual é sua data de nascimento? – indagou Michael.

– 12 de julho de 1961 – respondeu Robert.

– Ai, meu Deus – disse Michael. – Esse é o mesmo dia do aniversário de Eddy. – Michael continuou, apesar de relutar: – Sei que Eddy foi adotado. Você foi adotado?

– Fui – disse Robert, incrédulo com o desenrolar dos acontecimentos.

Alguns dias depois, Michael ligou para Eddy na sua casa em New Hyde Park, Long Island, e o pôs em contato com o sósia. Pelo telefone, eles trocaram dados importantes das suas vidas e logo concordaram em se encontrar pessoalmente.

– Eu o levo de carro – ofereceu-se Michael, que conhecia o caminho até a casa de Eddy e estava ansioso por ver o resultado da conversa.

No dia seguinte, os dois se encontraram e ficaram estupefatos ao descobrir que eram praticamente clones. Fascinados e aturdidos pela semelhança extraordinária, começaram uma conversa animada e descobriram uma quantidade de similaridades espantosas. Falavam do mesmo jeito e tinham sinais de nascença idênticos. Os dois fumavam Marlboro em excesso e até seguravam os cigarros do mesmo jeito. Tinham o mesmo Q.I., preferiam comida italiana e tinham o mesmo gosto para a música e os esportes. Os dois se relacionavam melhor com mulheres mais velhas.

– Não é estranhíssimo? – disse Robert.

– É, você é meu clone! – comentou Eddy.

Tanto Robert quanto Eddy sabiam que haviam sido adotados, mas não faziam idéia de que tinham irmãos. Telefonemas foram dados aos respectivos pais, e os registros do hospital judaico de Long Island foram verificados. Aquilo que eles haviam pressentido no instante em que entraram em contato estava agora confirmado. Eddy e Robert eram gêmeos, separados na época do nascimento.

A história chegou ao noticiário, e a foto dos irmãos reunidos apareceu na primeira página de jornais por toda parte. Era um relato que propiciava boas conversas – mais uma notícia interessante, rapidamente absorvida, rapidamente esquecida.

Esquecida por todos, menos por um rapaz chamado David Kellman, calouro no Queens College de Nova York. Ele ligou para a residência dos Galland e foi direto ao ponto.

– Vocês não vão acreditar nisso – disse ele a Eddy –, mas meu nome é David Kellman. Estou olhando para o espelho e para a fotografia no jornal. Acho que sou o terceiro irmão.

Eddy ficou de queixo caído e passou 10 minutos sentado, totalmente dominado pelo assombro. "Não dá para acreditar" eram as únicas palavras que ele conseguia pronunciar.

Quando David chegou à casa dos Galland em Long Island, Eddy abriu a porta, olhou para ele, fechou a porta, abriu-a novamente, olhou e voltou a fechar a porta. Quando finalmente deixou David entrar, os dois exclamaram em coro "É brincadeira!" e ficaram olhando um para o outro em total espanto.

– Eu sempre soube que era adotado, mas não fazia nenhuma idéia de que tinha algum irmão – disse David.

– Eu também não – disse Eddy. – Eu também não. – Os dois conversaram, riram e choraram.

Os registros da agência de adoção Louise Wise, situada em Manhattan, conferiram credibilidade a tudo. Robert, David e Eddy eram de fato trigêmeos.

As famílias reuniram-se para comemorar. Repórteres compareceram para cobrir a história.

– Olhando ao redor para esse mar de rostos desconhecidos, o que vocês podem nos dizer sobre sua nova família? – perguntou um entrevistador.

– É como se eu os tivesse conhecido a vida inteira – disse Eddy, falando por si e pelos outros. – Acho tudo isso lindo.

Fotografias foram tiradas de David, Eddy e Robert abraçados, cada um com um largo sorriso. Os trigêmeos, separados no nascimento, estavam reunidos.

Mais tarde eles abriram a conhecida churrascaria Triplets Romanian Steakhouse, localizada em Manhattan, que ainda existe.

Comentário

Os laços de parentesco podem ser tão profundos que atravessam todas as barreiras que ameacem obstruir seu caminho.

Tom Stonehill* vinha dirigindo há algumas horas, quando foi dominado pela necessidade de ir ao banheiro. Era tarde da noite e todos os postos de combustível pelos quais passava estavam fechados. À medida que o tempo ia passando, ele ficava cada vez mais desesperado. Finalmente, Tom saiu da rodovia e entrou na primeira cidadezinha do caminho. Ali, começou a procurar um lugar que tivesse instalações abertas ao público.

Enquanto seguia, sua necessidade física adquiriu urgência maior e ele aumentou a velocidade. Neste exato momento, ouviu alguém com um alto-falante lhe ordenar que parasse. Era o xerife da cidade, que saltou do carro e abordou Tom.

– A que velocidade você acha que pode dirigir por aqui? – perguntou, em tom amedrontador.

– Eu nunca dirijo a essa velocidade, senhor – disse Tom, desculpando-se. – Mas é que estou com uma enorme necessidade de um banheiro.

O xerife percebeu a sinceridade na voz de Tom e se compadeceu dele.

– Creio que pode haver algum estabelecimento aberto se você continuar por esta estrada – disse, apontando para a frente. – Mas vai ter de respeitar o limite de velocidade! – acrescentou.

– Vou respeitar – respondeu Tom, aliviado e feliz de poder seguir em frente.

Alguns instantes mais tarde, Tom vislumbrou ao longe uma luz. Tinha certeza de estar se aproximando de um mercado aberto 24 horas. No entanto, quanto mais se aproximava, mais ficava claro que estava se dirigindo para uma casa funerária. Tom hesitou, mas sua necessidade era forte demais para ser ignorada. Foi até a entrada, estacionou o carro e entrou.

Uma vez lá dentro, foi acolhido com amabilidade:

– Seja bem-vindo. Gostaria de assinar o livro? – disse o Sr. Gifford*, responsável pela funerária.

– Bem, estou aqui... só para usar o banheiro – disse Tom, desculpando-se. – O senhor me dá licença?

– Claro que sim – respondeu o Sr. Gifford –, mas antes assine o livro. – Tom não conseguia entender por que era necessário registrar seu nome, mas fez o que lhe pediram e esperou que isso encerrasse a questão. Estava prestes a perguntar onde ficava o banheiro masculino quando o Sr. Gifford prosseguiu:

– Por favor, escreva também seu endereço.

– Mas por que vocês precisam do meu endereço? – perguntou Tom, perplexo. – Estou aqui só para usar o banheiro por um minuto.

– Por favor, senhor, escreva a informação – foi a resposta.

– Que diferença faz? – resmungou Tom com seus botões, enquanto escrevia. Seguiu então o Sr. Gifford, que o conduziu ao sanitário masculino.

Antes de sair da casa funerária, Tom parou por um instante apenas para prestar a última homenagem ao falecido que lá se encontrava. Ao sair do prédio, viu o xerife.

– Muito obrigado – disse, despedindo-se do Sr. Gifford e do xerife, e, com isso, partiu, retomando a viagem de volta para casa.

Três semanas depois, Tom recebeu um telefonema de um advogado desconhecido:

– Represento a casa funerária onde o senhor parou para usar o banheiro há algumas semanas – disse o homem. – O senhor precisa comparecer ao meu escritório nesta quinta-feira às duas da tarde.

Tom ficou perturbado.

– Por favor – perguntou, alarmado –, diga-me se fiz algo de errado. Vou precisar de um advogado?

– Não, não será necessário – garantiu-lhe o advogado. – Basta que seja pontual.

Ao longo dos dias seguintes, Tom ficou nervosíssimo.

– O que é que eu posso ter feito? Por que me chamariam? – perguntava-se em voz alta.

Na quinta-feira, foi, apreensivo, até o escritório do advogado. Resfolegando e com o coração acelerado, bateu à porta principal.

– Entre – disse a secretária. Uma vez dentro da sala, Tom surpreendeu-se ao ver ali tanto o xerife quanto o Sr. Gifford.

– Por favor, queiram sentar-se – disse o advogado. – Recebi autorização judicial para ler o testamento do Sr. Stanley Murrow.* – O advogado apanhou o livro de assinaturas que Tom havia assinado. Voltou-se para o responsável pela casa funerária, apontou para Tom e perguntou: – É esse o homem que assinou o livro?

– É – respondeu o Sr. Gifford. E então o advogado olhou para Tom e falou:

– Creio que o senhor não conheceu o Sr. Murrow.* Era um homem muito rico. Possuía a maior parte dos imóveis desta cidade. No entanto, não tinha família e era detestado por todos, sendo praticamente evitado pelos moradores. O Sr. Murrow autorizou-me a ser seu testamenteiro. – O advogado apanhou um documento e prosseguiu: – Este é o testamento mais curto que já redigi. Ele diz apenas: "Todos odiavam minha sombra, e ninguém nunca tirou dinheiro de mim enquanto vivi. Por isso, qualquer pessoa que compareça ao meu velório é obviamente alguém que sentiu alguma compaixão por um velho biruta como eu. Deixo por meio deste instrumento todo o meu espólio, com todos os meus bens, para ser dividido em partes iguais entre aqueles que de fato comparecerem ao meu funeral."

O advogado olhou então direto para Tom:

– A sua foi a única assinatura que apareceu no livro – disse ele. – Portanto...

Comentário

Existem avarentos que acumulam sua fortuna certificando-se de que ninguém extraia prazer dela, a não ser eles mesmos. Em termos financeiros, podem estar bem de vida; mas, em termos espirituais, estão falidos. Por outro lado, há aqueles que passam por necessidade e, ainda assim, dão de si com generosidade e são abençoados com uma abundância espiritual. Quem, então, é de fato o rico? E quem é na realidade o pobre?

Meu marido é o bom samaritano em pessoa. Aonde quer que vá, onde quer que esteja, ele está sempre realizando atos gratuitos de bondade, com freqüência para pessoas que não conhece e às vezes para pessoas que ele nem mesmo está vendo. A maior parte do tempo, sinto-me orgulhosa e gratificada por estar casada com um homem desses, mas de vez em quando fico irritada quando acho que ele está exagerando. Quando me encontro nesse estado de espírito (em raras ocasiões, devo admitir), começo a ficar emburrada e, se o que ele tiver feito realmente me parecer absurdo, não consigo conter a raiva.

– Puxa – costumo explodir, indignada –, isso tudo é muito bonito, mas quando foi a última vez que alguém fez alguma coisa semelhante por você ou por mim? Será que você é o único bom samaritano que resta na cidade?

Na semana passada, porém, essas dúvidas receberam uma resposta sumária de um universo muito mais sábio do que eu.

Meu marido e eu estávamos olhando vitrines num bairro comercial onde os automóveis ficam estacionados ao longo do meio-fio, junto a parquímetros. De repente, percebemos uma fiscal carrancuda que vinha pela rua batendo os pés com determinação, estudando cada parquímetro atentamente, com a caneta em riste, preparada para aplicar as multas. Meu marido imediatamente tirou todas as moedas que tinha no bolso e começou a correr pela rua, enfiando moedas de 25 centavos em todos os parquímetros vencidos, antes que a fiscal chegasse. Quando ela finalmente conseguiu alcançá-lo, foi com sobrancelhas erguidas e uma expressão ameaçadora. Ele lhe lançou um sorriso triunfal e uma piscadela de olho marota. De longe, eu observava meu marido com ternura. Ocorreu-me que ele estava praticando a forma mais elevada de caridade: nenhuma das pessoas cujos carros ele havia salvo da multa jamais saberia quem fora seu benfeitor. Provavelmente nem saberiam que haviam tido um benfeitor! Senti orgulho dele, sem dúvida. Mesmo assim, quando ele voltou dessa lida, aquela vozinha cínica, com a qual luto o tempo todo, deu a palavra final:

– Foi lindo, querido... mas quando foi a última vez que alguém fez algo semelhante por você ou por mim?

No dia seguinte, eu estava fazendo compras novamente, dessa vez num setor comercial diferente, e estacionei meu carro junto a um parquímetro. Numa loja de roupas repleta de novidades fascinantes, perdi toda a noção do tempo e, quando olhei o relógio, percebi com alarme que minha hora no parquímetro já devia ter acabado. Saí apressada e fui correndo na direção do carro, estacionado a um quarteirão dali. Aflita, vi uma fiscal que se aproximava dele.

Ora, meu marido, homem perfeitamente razoável sob todos os outros aspectos, fica totalmente furioso quando eu levo uma multa de estacionamento. Ele considera essas multas o cúmulo da irresponsabilidade e um terrível desperdício de dinheiro. Uma multa por estacionamento indevido significa no mínimo três horas de briga séria, seguidas de um dia inteiro de recriminações humilhantes e lamentações contritas. Aprendi (a duras penas) a evitar levar multas por estacionamento indevido, a qualquer custo.

No entanto, quando vi a fiscal a alguns metros do meu carro, soube que toda a esperança estava perdida. Não havia como eu chegar ao parquímetro antes dela. Quase chorei de consternação.

De repente, vi um desconhecido atravessar correndo a rua, avançar até o meu parquímetro e inserir uma moeda. A essa altura a fiscal chegou e ele lhe deu um largo sorriso. Voltou-se, então, e seguiu rápido pela rua. Corri atrás dele para agradecer, pensando: "Quem poderia ser? Será alguém que me conhece... um vizinho, um parente... alguém que reconheceu o carro e quis me ajudar?" Mas, quando consegui alcançá-lo, foi um perfeito desconhecido que se voltou para mim.

– O senhor acabou de me salvar da multa! – exclamei, esfuziante. – Muito obrigada mesmo. Não dá para acreditar! Por acaso conhece meu marido e reconheceu nosso carro? O que o levou a fazer isso?

– Ah, não conheço seu marido e não conheço seu carro. Mas por acaso vi a fiscal se aproximando e pensei "Que pena, ela vai multar aquele carro". Tudo o que me custou foi uma moeda de 25 centavos para salvá-la de uma multa de 25 dólares.

Fiquei comovida e não tive palavras para agradecer.

– Ora, está tudo bem, de verdade – disse ele. – Eu faço isso o tempo todo!

YITTA HALBERSTAM MANDELBAUM

Julia Dixon* acabara de se trancar fora de casa quando o carteiro veio chegando pela entrada do carro.

– Sra. Dixon! – exclamou ele, preocupado. – A senhora parece perturbada. O que houve?

– Ai, não sei o que vou fazer – lamentou-se ela, retorcendo as mãos de nervosismo. – A porta bateu, e minha vizinha que guarda uma cópia para mim não está na cidade. Meu marido tem uma chave, mas está numa conferência que vai durar o dia inteiro num hotel no centro, e eu duvido que possa entrar em contato com ele. Como vou fazer para entrar em casa de novo?

O carteiro tentou tranqüilizar a mulher e a aconselhou a chamar um chaveiro.

– Acho que esse vai ser meu único recurso – concordou ela –, mas, para lhe dizer a verdade, eles cobram os olhos da cara e eu na realidade não estou podendo ter uma despesa extra neste exato momento. As coisas andam apertadas.

O carteiro compadeceu-se dela, mas salientou que ela não tinha escolha.

– Olhe, é melhor eu ir andando – disse ele. – Aqui está sua correspondência. Quem sabe? Talvez venha alguma boa notícia numa destas cartas para deixá-la mais animada!

Julia passou os olhos pelos envelopes. Havia um do seu irmão Jonathan. Ele havia feito uma visita de alguns dias à família na semana anterior.

– Eu me pergunto por que ele estaria escrevendo tão rápido – murmurou ela. Quando abriu a carta, uma chave caiu na palma da sua mão.

"Querida Julia", dizia a carta. "Na semana passada, quando estive na sua casa e você estava fazendo compras, eu sem querer me tranquei na rua. Pedi à vizinha que me emprestasse a cópia, mas me esqueci de devolver. Por isso, estou devolvendo a chave agora."

Comentário

Quando você encara uma porta fechada e se sente sem esperanças, saiba que outras portas podem ser abertas, permitindo que você entre.

Como grande industrial do vestuário no Canadá, vendi algumas mercadorias a uma pequena empresa varejista de Montreal, de propriedade de um membro da minha sinagoga. Eu havia sido informado de que ele era um homem direito e respeitável que mantinha um negócio honesto e, por isso, dei-lhe crédito. De acordo com os termos combinados inicialmente, ele deveria, 60 dias após o recebimento da mercadoria, me pagar sua conta de US$ 8.724. Fiquei muito desanimado quando o contador me disse que ele estava atrasado no pagamento.

Mandamos três avisos, que ele ignorou. Afinal, peguei o telefone e liguei para ele.

– O que está acontecendo? – perguntei.

– Olhe – disse ele, com um suspiro. – Sinto muito, mas não tenho como pagar minha dívida. Os negócios estão péssimos e eu talvez precise fechar. Não me resta um centavo.

Eu não sabia o que fazer e fui consultar meu rabino.

– Será que eu deveria recorrer à justiça? Afinal de contas,

US$ 8.724 não é uma quantia irrisória. Realmente preciso desse dinheiro! Por outro lado, sinto pena dele. Está passando por uma maré baixa. O que é que ele realmente pode fazer? – O rabino não me deu nenhum conselho muito concreto.

– Siga o que seu coração mandar! – recomendou.

Lutei comigo mesmo por muito tempo e finalmente concluí que não tinha coragem de processar o homem. Mais tarde, soube que ele havia fechado a loja. Mudou-se para um outro setor da cidade, entrou para outra sinagoga e eu perdi contato com ele. Alguns anos se passaram e minha empresa prosperou.

Um dia, recebi um telefonema de uma mulher cujo nome não reconheci, que me perguntou se poderia vir ao meu escritório para me ver. Ao chegar, ela revelou sua identidade: era a filha do homem que ainda me devia US$ 8.724.

– Todos esses anos, meu pai sentiu uma culpa tremenda em virtude do dinheiro que lhe deve – disse ela. – Ele faliu e nunca pôde voltar a uma situação favorável. Ainda não tem nenhum dinheiro, mas me pediu que lhe desse isto em vez do dinheiro. – Ela então tirou da bolsa uma jóia, que me entregou.

Era uma pulseira de ouro cravejada de diamantes.

– É uma herança de família – disse-me ela. – Praticamente o único objeto de valor que resta ao meu pai. Ele me pediu que lhe desse a pulseira com um sincero pedido de desculpas e uma enorme esperança de que tenha algum valor. Ele não conhece o valor da jóia, mas espera que ela lhe renda pelo menos uma parte do que lhe deve. – Àquela altura, eu não queria aceitar, mas ela insistiu.

Não conheço muito sobre jóias, mas duvidei que a peça tivesse de fato algum valor. Joguei-a numa gaveta e me esqueci. Alguns dias depois, lembrei-me dela e a mostrei ao meu pai, que também demonstrou total ceticismo quanto às suas possibilidades. Sugeriu, porém, que eu procurasse um especialista conhecido seu para obter uma avaliação.

O avaliador examinou a pulseira cuidadosamente e com vagar. Finalmente, depois de muito tempo, voltou-se para nós, animado:

– Esta jóia é realmente valiosa! Muito mais do que vocês imaginaram. Para dizer a verdade, eu gostaria de comprá-la. Disponho-me a pagar US$ 8.724.

A quantia exata que o homem me devia!

PATRICK SIMONE*

Comentário

No nosso mundo cão, alguém que age com generosidade pode acabar sentindo que foi feito de bobo. Por agir de modo correto, o empresário conquistou nitidamente os aplausos e prêmios de uma força superior.

Embora adorasse sua família adotiva, Cheryl McAdam* era atormentada por perguntas sobre a família biológica que nunca havia conhecido. Cheryl havia sido criada com amor por pais adotivos que a mimavam o tempo todo. Havia recebido carinho em abundância e não lhe faltava nada. Mesmo assim, apesar de todas as bênçãos da sua vida, ela não conseguia deixar de sentir uma obsessão pelo passado.

Quem eram seus pais biológicos? Por que haviam decidido dá-la em adoção? Como puderam ter desistido da própria filha? Como eles eram? E, o que era mais importante, como teria sido sua vida se tivesse sido criada por eles e não pela família que a adotou? Essas perguntas a atormentavam continuamente, enquanto ela fantasiava a respeito da vida que poderia ter tido.

Finalmente, quando estava com 21 anos, casada e com uma filha, Kayla, Cheryl resolveu descobrir a verdade. Conversou com os pais adotivos e pediu sua permissão para iniciar uma busca. Ela os amava muito, insistiu, mas o nascimento da filhinha havia reaquecido sua necessidade de conhecer sua herança genética. Compreensivos, os pais adotivos concordaram em ajudá-la a fazer a viagem de volta às raízes.

Sua busca teve sucesso – um sucesso maior do que nos seus sonhos mais fantasiosos –, trazendo-lhe, sobretudo, certa legitimação pela qual Cheryl sempre ansiara e que finalmente calou todas as suas dúvidas, perguntas, conflitos e medos.

Eis o que descobriu:

O nome da sua mãe biológica – Anne – era quase o mesmo da sua mãe adotiva, Anna. Seu pai biológico, que se casara com sua mãe um ano depois de a terem dado para adoção, chamava-se John – da mesma forma que seu pai adotivo, Johnnie. Seus dois irmãos biológicos tinham os mesmos nomes que seus irmãos adotivos – Carol e Wayne. E, finalmente, quando sua irmã biológica, que se casara no ano anterior (aproximadamente na mesma época em que ela se casara), teve gêmeos, ela lhes deu os nomes de Kyle e Kaylee, duas variantes do nome da sua própria filha, Kayla.

Cheryl voltou feliz para casa, com a garantia de que sua colocação na família adotiva não só havia sido correta... ela havia sido predestinada!

Comentário

Cheryl é perturbada pela sensação de estar fora do seu lugar, de estar deslocada. Ela se pergunta se seu destino não seria totalmente diferente se tivesse sido criada por outra família... sua família biológica. No entanto, as coincidências lhe transmitem a mensagem de que ela estava na família certa o tempo todo. Os paralelismos são tão fortes e tão óbvios que não há nenhuma possibilidade de interpretá-los mal. Essas "coincidências" lhe trouxeram uma nova serenidade e paz de espírito, e sua ansiedade quanto a ter crescido na família errada foi dissipada para sempre.

Na década de 1930, Samuel Shapira, ilustre rabino da aldeia polonesa de Prochnik, tinha o hábito de dar longas caminhadas revigorantes pelo campo. O rabino, que era conhecido por suas atitudes calorosas, amáveis e piedosas, sempre fazia questão de cumprimentar todas as pessoas por quem passasse – judeus e não-judeus – e, seguindo um ditame do Talmude, procurava sempre cumprimentá-las em primeiro lugar.

Uma das pessoas que ele cumprimentava com regularidade nos seus passeios diários era um camponês chamado Herr Mueller, cuja propriedade ficava na periferia do vilarejo. Todas as manhãs, o rabino Shapira passava pelo lavrador, que trabalhava diligente nas suas terras, e fazia um cumprimento de cabeça, dizendo, com a voz retumbante e cordial: "Bom dia, Herr Mueller!"

Inicialmente, quando o rabino havia começado a cumprimentar Herr Mueller, o lavrador lhe virava as costas num silêncio de pedra. As relações entre judeus e cristãos naquela aldeia não eram muito boas e as amizades, bastante raras. O rabino Shapira, entretanto, não se sentiu desencorajado ou dissuadido. Dia após dia, ele cumprimentava o silencioso Herr Mueller com um simpático olá, até que, finalmente, convencido da sinceridade do rabino, o lavrador começou a retribuir o cumprimento com um toque no chapéu e um sorriso tímido.

Esse costume durou muitos anos. Todas as manhãs, o rabino Shapira gritava: "Bom dia, Herr Mueller!" E, todas as manhãs, Herr Mueller tocava no chapéu e gritava de volta: "Bom dia, Herr Rabiner!" Isso parou quando os nazistas chegaram.

O rabino Shapira e sua família, com todos os outros judeus residentes no vilarejo, foram levados a um campo de concentração. O rabino Shapira foi transferido de um campo para outro até chegar ao seu destino final: Auschwitz.

Quando desembarcou do trem, recebeu ordem de entrar numa fila onde estava ocorrendo a seleção. Parado no final da fila, ele via ao longe o bastão do comandante do campo que indicava a esquerda e a direita. Ele sabia que a esquerda significava a morte certa, mas a direita garantia algum tempo e uma possível sobrevivência.

Com o coração palpitando, ele foi se aproximando do comandante, à medida que a fila avançava. Logo chegaria sua vez. Qual seria a decisão? Esquerda ou direita?

Estava a uma pessoa de distância do encarregado da seleção, o homem cuja decisão arbitrária poderia mandá-lo para as chamas. Que tipo de pessoa era esse comandante, um homem que podia com tanta facilidade mandar para a morte milhares de pessoas por dia?

Apesar do seu próprio medo, olhou com curiosidade, quase com coragem, para o rosto do comandante quando chegou sua vez. Naquele momento, o homem voltou-se para ele e seus olhos se encontraram.

O rabino Shapira aproximou-se do comandante e disse, em voz baixa:

– Bom dia, Herr Mueller!

Os olhos de Herr Mueller, frios e insondáveis, tremeram por uma fração de segundo:

– Bom dia, Herr Rabiner! – respondeu ele, também em voz muito baixa.

E então estendeu o bastão para a frente. "Recht!", gritou ele, com um movimento quase imperceptível de cabeça. "Direita!" Para... a vida!

Comentário

Quem poderia imaginar que um simples cumprimento poderia salvar uma vida? No entanto, às vezes, o menor dos atos (ou pelo menos dos atos que consideramos pequenos) pode acarretar conseqüências enormes – ou gravíssimas. O rabino plantou as sementes da sua própria salvação ao longo de anos, ao trocar cortesias com alguém que outros poderiam ter considerado um camponês insignificante. Será que ele poderia ter imaginado que um dia aquele homem teria literalmente o seu destino nas mãos?

Tom MacEnvoy* detestava o gato da sua filha Trisha. Ela apanhou o bicho sem dono no pátio da escola, imediatamente apaixonou-se por ele e o levou para casa, suplicante.

– Sei que você jurou que nunca mais teríamos animais de estimação em casa depois da tragédia do hamster, papai, mas, por favor, deixe que eu fique com ele! Gosto tanto dele!

– Mas, Trisha – contrapôs o pai –, ele é só um gato velho e vira-lata. Se você quiser um gato, pelo menos deixe-me comprar um persa.

– Não, este é o gato que eu quero! Quando o vi no pátio, ele veio direto até onde eu estava, esfregou-se em mim, miando e ronronando. Fomos feitos um para o outro, papai... Nós nos comunicamos! – Tom MacEnvoy cedeu ao veemente pedido da filha, mas, sempre que via o gato, franzia o cenho e olhava para outro lado, com repugnância.

Um dia de manhã, Tom encontrou restos da caixa de areia espalhados por todo o piso da sala de jantar. Tomando isso como pretexto, falou com a filha.

– Já chega! O gato vai embora amanhã!

– Por favor, papai, esta é a primeira vez que ele faz alguma coisa desse tipo. Parece que está com algum problema hoje, está tão esquisito. Por favor, dê-lhe uma chance.

– Chance nenhuma! – berrou Tom. – Trate de descobrir um lugar para ele hoje. Amanhã ele está na rua!

Tarde da noite, Trisha acordou espantada com um barulho surdo e forte e um corpo que veio voando e pousou na sua cama.

– Ei, o que está acontecendo? – resmungou ela, enquanto olhava, sem poder acreditar, para o corpo arqueado e o pêlo eriçado do gato. O gato sempre dormia enrodilhado num tapete no canto do seu quarto. O que estava fazendo em cima da cama? E estava agindo de modo estranho, também, emitindo ruídos sibilantes, raivosos, dando voltas como louco no edredom.

– Saia já daqui! – disse ela, sonolenta, empurrando com delicadeza o gato para fora da cama e puxando as cobertas para cobrir a cabeça.

Dentro de um segundo, ele estava de volta, chiando mais forte do que antes.

– Qual é o problema com você? – gritou ela, afastando-o novamente para tentar voltar a dormir.

Quando ele voltou uma terceira vez, Trisha levantou as mãos para o alto:

– Está bem, eu desisto – gritou, e foi dormir na cama da irmã do outro lado do quarto.

Naquele exato instante, o chão começou a vibrar e a sacudir de uma forma infelizmente muito conhecida. Livros escorregavam das estantes, abajures caíam no chão com estrondo, objetos tombavam e a mobília deslizava pelo quarto. Uma cômoda enorme, arrancada da sua posição habitual encostada na parede, tombou em cima da cama onde segundos antes Trisha havia estado dormindo.

Era o terremoto de 1994 em Northridge, Califórnia, e o "gato velho e vira-lata" salvou a vida de Trisha. Nem é preciso dizer que o gato, desde então, passou a ser um morador permanente da residência da família MacEnvoy.

Comentário

A vida é muito misteriosa e assombrosa, e nunca se sabe de onde virá a salvação. Às vezes, ela vem das fontes mais improváveis. Vamos aprender a encarar todas as criaturas vivas como presentes de Deus... dando-lhes o tratamento que merecem!

Esta história tem os elementos de um clássico de mistério: uma viúva em pranto; um corpo identificado erroneamente; uma chave que, apesar de probabilidades raríssimas, abre a porta errada; e um final feliz, no qual marido e mulher, quando um descobre que o outro não morreu, juram nunca mais deixar de dar atenção um ao outro.

Ela realmente aconteceu a um casal de Houston, José e Herlinda Estrada.

Por volta das cinco da tarde, no dia 11 de fevereiro, José Estrada, de 48 anos, saiu de casa para ir a uma pista de jogging das proximidades. Dizendo à família que voltaria logo, ele entrou na sua caminhonete Chevrolet cor vinho, 1988, e partiu.

Cerca de 50 minutos depois, a atenção concentrada com que Herlinda Estrada assistia à partida de basquete com a seleção dos melhores jogadores da NBA foi interrompida por aquilo que é o pesadelo de toda mulher: um policial de expressão impassível batendo à sua porta.

– Tenho um filho de 27 anos – disse a Sra. Estrada –, por isso a primeira coisa que pensei foi que ele havia sofrido algum acidente. Mas o policial perguntou qual era o nome do meu marido e se seu carro era uma caminhonete vermelha. Quando respondi que sim, ele disse que sentia muito, mas que meu marido havia sofrido um ataque do coração.

Tendo sido informada de que o estado de José era grave, a Sra. Estrada "dirigiu como uma louca" até o Memorial Hospital Southeast, que ficava perto de sua casa, onde foi encaminhada a um pequeno consultório e informada de que havia chegado tarde demais. José Estrada havia morrido.

O policial – o mesmo que havia ido à casa da Sra. Estrada – acompanhou a mulher, em pranto, a uma pequena sala, onde ela identificou o corpo. Em seguida, assinou a certidão de óbito e voltou para a sala de espera, onde pediu ao policial que desse os primeiros telefonemas para a família e amigos.

Dentro de minutos, amigos e parentes começaram a aparecer para consolar a família Estrada. Meia hora mais tarde, chegou o parente mais inesperado: o próprio José Estrada.

– A princípio, não entendi – lembrou-se a Sra. Estrada. – Depois, comecei a gritar: "Você está vivo, está vivo! Eles disseram que você tinha morrido." E ele afirmou que estava bem, mas preocupado comigo.

José Estrada havia corrido para o hospital depois que alguém lhe disse que sua mulher havia tido um ataque do coração.

Como tudo isso aconteceu? Elementar, meu caro Watson. Enquanto José Estrada fazia seu jogging, outro homem sofreu um ataque das coronárias. Uma equipe de emergência e a polícia foram chamadas, mas não encontraram nenhuma identificação no homem. A única pista era um chaveiro da General Motors, que o policial experimentou nas portas dos veículos GM estacionados na área.

Apesar das probabilidades serem de 26.000 contra 1, as chaves abriram o veículo errado, o do Sr. Estrada. Uma verificação da licença levou o policial à residência da família Estrada.

E o equívoco na identificação do corpo?

– Imagine em que estado eu estava – disse a Sra. Estrada. – Havia fita crepe nos olhos e na boca, de modo que não pude ver se o homem tinha bigode. Ele estava usando os mesmos tênis, o mesmo rádio, os mesmos shorts que o meu marido. Até o mesmo tipo de cinto. Por isso, pedi para ver suas mãos e seus pés. Os pés eram iguais. O curioso é que perguntei ao policial Hernández se ele parecia mexicano e o policial disse que sim.

Enquanto isso, José Estrada voltou do jogging para descobrir sua casa estranhamente deserta. Então, o telefone tocou. Era a mulher do seu patrão, que havia recebido um telefonema do hospital.

Ela disse: "José, você está vivo!" E então exclamou: "Ai, meu Deus, não me diga que foi a Herlinda!"

O Sr. Estrada correu para o hospital, dirigiu-se exatamente ao mesmo policial e lhe disse que estava procurando por Herlinda Estrada. O policial indicou um consultório cheio de amigos e parentes em pranto. Esperando o pior, o Sr. Estrada entrou. E encontrou sua mulher viva.

Depois da reunião do casal Estrada, o policial voltou para a pista, onde encontrou Mary Sammons à procura do marido, John. O policial deu a má notícia mais uma vez e acompanhou a Sra. Sammons até o hospital, onde ela identificou o corpo do marido.

– Posso lhe dizer que mudamos algumas coisas depois do acontecido – disse a Sra. Estrada. – Para começar, prestamos mais atenção um no outro. E houve mudanças práticas. Olhamos sempre para a roupa que o outro está usando. José pôs um enfeite amarelo no chaveiro, e assim eu posso distinguir suas chaves. E agora ele sempre leva a identidade quando faz jogging.

Comentário

Muitos vivem como sonâmbulos. Às vezes, precisamos de uma sacudida para nos despertar da nossa apatia, da nossa modorra, da nossa existência de autômatos. Isso inclui a falta de atenção para com as pessoas que amamos e de quem precisamos em nossas vidas. Quando ocorre uma sacudida dessas, como no caso da coincidência pela qual o casal Estrada passou, começamos a encarar nossa vida – e um ao outro – com novos olhos.

Max saiu da cidade de Nova York e viajou horas a fio debaixo de chuva em direção a Filadélfia. Por volta da meia-noite, Max sentiu fome e parou numa lanchonete de beira de estrada.

Sentou-se junto ao balcão, ao lado de um senhor idoso, de ombros caídos e roupas esfarrapadas. Comoveu-se com a presença da criatura, que dava a impressão de já ter passado por poucas e boas na vida.

– O tempo está horrível, não é mesmo? – disse Max, tentando puxar conversa.

A resposta foi um resmungo entre dentes. O velho parecia desanimado demais para travar um diálogo. Max terminou a refeição e, pouco antes de sair, virou para a garçonete e perguntou quanto custava uma maçã assada.

– Dois e cinqüenta – respondeu ela.

– Pronto – disse Max, entregando-lhe três notas de um dólar. – Isso deve cobrir o preço da maçã e a sua gorjeta. – Em seguida, apontou para o velho: – Por favor, dê a maçã àquele senhor e diga que é cortesia da casa.

– Claro, pode deixar – disse a garçonete, sorrindo, enquanto Max saía da lanchonete.

Enquanto viajava, Max pensou no gesto que acabara de fazer.

– Por que uma maçã assada? – perguntava-se ele. – Por que não lhe paguei uma xícara de café? – Max refletiu sobre essa iniciativa aparentemente ilógica até chegar a uma conclusão: uma xícara de café de um desconhecido para outro pode ser um gesto amável, mas é usual e por isso esquecido rapidamente. Enquanto que uma maçã assada talvez conseguisse sacudir o velho, tirando-o da sua apatia, mesmo que só por um instante, e talvez até mesmo permitindo que ele se animasse. Max ficou satisfeito com seu gesto à medida que seguia pela estrada longa e estreita.

A noite se prolongava. A interminável linha branca passou a ser um desafio, enquanto Max lutava para permanecer alerta e acordado. Seu corpo não agüentava mais e, apesar de todos os esforços, o sono procurava dominá-lo. De repente, um caminhão enorme atingiu a lateral do seu carro, empurrando-o para fora da estrada. O carro derrapou e foi parar numa vala. De início, Max ficou em estado de choque. Dentro de poucos instantes, perdia a consciência.

No escuro da noite, com a chuva caindo forte, os carros simplesmente passavam velozes. Ninguém parecia perceber o acidente à beira da estrada. Afinal, depois de algum tempo, um rapaz que vinha dirigindo percebeu o carro de Max. Ele parou e se encaminhou para o veículo acidentado. Como morava ali por perto, resolveu levar Max, ainda inconsciente, para sua própria casa. Lá ele daria um telefonema pedindo ajuda.

Pouco depois de chegar à casa do desconhecido, Max recuperou a consciência. Abriu os olhos e deu com um rosto estranho.

– Meu Deus – disse o desconhecido. – Você e seu carro sofreram uma queda e tanto! Foi uma dificuldade tirá-lo do local do acidente para trazê-lo aqui para casa, mas vou lhe dizer uma coisa, amigo, lá você estava bem perto da morte! Agora, procure sentar-se para comer uma coisa que minha mulher fez para você.

Max olhou para o que puseram à sua frente. No meio de um prato de vidro estava uma maçã recém-assada.

Comentário

Estar atento para os outros, fazer um gesto de amizade, confortar quem está sofrendo são atos generosos. Deus está presente em tudo o que é bom. Quando se faz o bem, Deus está presente. E, quando Deus está presente, ocorrem milagres.

Bill e Jules resolveram ampliar sua escola para educação de adultos, em Nova York, conseguindo que um número maior de pessoas se matriculasse nos cursos. Para isso criaram um plano audacioso e nunca visto até então. Planejaram pegar 10 mil notas de um dólar e colar em cada nota um adesivo com informações sobre a escola. A mídia avisou ao público que, no dia 13 de março de 1982, 10 mil notas de um dólar seriam lançadas do prédio do Empire State, e quem estivesse parado na esquina da Quinta Avenida com a Rua 34 àquela hora poderia ficar com tanto dinheiro quanto conseguisse pegar. Seria uma publicidade sensacional.

A mídia adorou a idéia e a divulgou com muito alarde. Infelizmente, o chefe de polícia não revelou o mesmo entusiasmo e deu ordens para impedir a realização do evento, na crença de que milhares de pessoas esperando apanhar notas de um dólar causariam enormes transtornos ao trânsito, gerando circunstâncias aterradoras.

Apesar da falta de aprovação por parte das autoridades, na data marcada Jules e Bill saíram do escritório levando duas bolsas com 10 mil notas de um dólar. Enquanto desciam de carro pela Quinta Avenida, na direção da Rua 34, eram acompanhados por um grupo de repórteres ansiosos por captar o desenrolar de cada momento.

Quando se aproximaram da Rua 34, ouviram sirenes. Os repórteres que acompanhavam o carro dos dois tinham rádios sintonizados na faixa da polícia e monitoravam a atividade policial na área.

– Ei, pessoal! Essas sirenes são para vocês! – começaram os repórteres a gritar. Bill e Jules engoliram em seco, com os olhos fixos na enorme multidão que estava reunida para o evento.

Foi então que aconteceu o inesperado. Exatamente quando Bill e Jules estavam saltando do carro, outros dois homens entraram num banco dentro do prédio do Empire State, deram um tiro para o alto e berraram: “Isto é um assalto!” Pegaram todo o dinheiro que lhes entregaram, encheram duas bolsas e saíram do prédio, direto para a rua, que estava apinhada de policiais, repórteres e cinegrafistas. Em vez da fuga discreta que haviam planejado, aquele se tornou um dos assaltos a banco de maior cobertura de todos os tempos.

O que temos agora são duas duplas, as duas carregando sacos de dinheiro: uma correndo para levar o dinheiro dali, a outra correndo para distribuí-lo. As duas na mesma esquina, exatamente ao mesmo tempo.

Ninguém conseguia entender o que estava acontecendo. Os cinegrafistas não queriam filmar as pessoas erradas; a polícia não queria fazer uma prisão indevida. O resto da multidão olhava, ansiosa, para ver qual das duplas iria jogar o dinheiro.

Finalmente, os ladrões de banco foram presos. Enquanto isso, Bill e Jules conseguiram chegar ao interior do prédio, mas a multidão foi fechando o cerco em volta deles, procurando agarrar suas bolsas. Os mesmos policiais que prenderam os criminosos agora precisavam salvar os dois de uma multidão que queria seu quinhão do dinheiro. Em meio ao pandemônio, Bill e Jules foram rapidamente levados dali pela polícia.

Uma senhora que estava tentando descobrir o porquê de toda aquela confusão dirigiu-se a um policial, perguntando o que estava acontecendo exatamente.

– Minha senhora, se eu lhe dissesse, a senhora não iria acreditar – respondeu o policial.

Comentário

Deus dá e Deus toma. O dinheiro entra e o dinheiro sai. É tudo um círculo. Às vezes, você quer o dinheiro e ele lhe é dado; em outras ocasiões, você quer dá-lo e não consegue porque ele já foi tomado. Nós pensamos que somos nosso dinheiro e que nossa conta bancária é uma declaração do nosso valor. No entanto, o dinheiro é como mel. Ele pode pingar na nossa vida e é doce possuí-lo. Mas seu prazer pode ser efêmero e sempre deixa um desejo de possuir mais. O dinheiro ora se tem, ora se vai. Quando você tiver algum, passe um pouco adiante.

Em 1969, em meio à turbulência da Guerra do Vietnã, uma moça tailandesa e um sargento da força aérea americana se apaixonaram, moraram juntos e tiveram um filho, a quem deram o nome de Nueng.

No final da guerra, John Garcia, o pai, e Pratorn Varanoot, a mãe, sentiram-se incertos a respeito do futuro. Parecia remota a hipótese de poderem ir juntos para os Estados Unidos, já que a força aérea não apoiava o casamento de John com uma oriental e a família de Pratorn não aprovava sua mudança para outro país. John voltou para os Estados Unidos, deixando sua companheira e seu filhinho. Ele procurou manter contato com os dois, mas, com o passar do tempo, isso foi ficando cada vez mais difícil. Pratorn casou-se com outro soldado norte-americano, que repetidamente devolvia as cartas de John, sem resposta. John escreveu ao governo da Tailândia na esperança de localizá-los e manter algum contato com o filho. Nunca recebeu resposta. Os laços que uniam esse pai ao filho acabaram sendo cortados.

Em 1996, um homem segue por uma rodovia em Pueblo, no Colorado. Olha por acaso para o indicador de combustível e verifica que o tanque está pela metade. Por algum motivo inexplicável, resolve parar num posto da Total, companhia que não costuma utilizar. Quando chega a hora de pagar, mais uma vez ele faz algo que normalmente não faria. Apesar de ter 30 dólares em dinheiro vivo na carteira, ele paga com cheque. O rapaz atrás do balcão olha e percebe o nome no cheque. Com as sobrancelhas erguidas, ele encara o homem parado diante dele.

– O senhor é John Garcia?

– Sou – é a resposta.

– No passado, esteve na força aérea? – indaga o rapaz.

– Estive – responde John, sem dar muita atenção à pergunta.

– O senhor já morou na Tailândia? – continua o rapaz.

– Morei – diz John, dando um passo atrás, sem saber o que isso tudo quer dizer.

– O senhor tem um filho lá?

– Tenho – uma resposta retumbante, cheia de perplexidade.

E então, com a respiração ofegante e o coração disparado, o caixa faz mais uma pergunta:

– Qual era o nome dele?

– Nueng – é a resposta.

Em meio à enorme quantidade de viajantes anônimos que passam pela Rodovia 50, o rapaz olha então nos olhos do desconhecido que tem diante de si.

– Eu sou seu filho – declara, simplesmente.

Comentário

As pessoas podem se separar, atravessar continentes, cortar laços. No entanto, se houver lições a serem trocadas entre elas, se estiverem destinadas a ficar juntas, o tempo e a distância se dissolvem e elas são reunidas novamente.

Em 1991, Debra Robinson* estava saindo com Ed Wilson. O namoro já durava mais de três anos. Apesar de Ed ter proposto algumas vezes que se casassem, Debra vinha evitando dar-lhe uma resposta. Receosa, cheia de conflitos, ela sempre procurava ganhar tempo. Por isso vivia atormentada e infeliz.

Uma noite, Chuck Anton, velho amigo de Wayne Robinson, o pai de Debra já falecido, teve um sonho em que Wayne lhe dizia: "Chuck, faça-me um favor. Minha filha Debra está saindo com um rapaz e ele é a pessoa certa para ela. Por favor, procure-a e diga-lhe que deve se casar com ele e que vai ter uma vida maravilhosa! Essa união tem minha bênção e, pelo menos desta vez, ela deveria obedecer ao pai!"

Chuck Anton acordou com um grito reprimido. Não via Debra Robinson desde a morte do pai, 10 anos antes. Abalado, ele acordou a mulher e lhe relatou o sonho. Ela lhe disse que aquilo era ridículo e o aconselhou a voltar a dormir. Ele seguiu o conselho e logo se esqueceu do episódio.

Uma semana mais tarde, Wayne Robinson ressurgiu em outro sonho. "Chuck!", reclamou ele, agitando um dedo acusador. "Você não fez o que lhe pedi! Quantas vezes vou ter de implorar para que você diga à minha filha que se case com o rapaz que está namorando?" Novamente, Chuck acordou sobressaltado, mas, desta vez, resolveu consultar um sacerdote.

– Olhe – disse o padre depois de Chuck abrir o coração. – Procure a moça e pergunte se ela está saindo com alguém a sério. Se não estiver, não conte nada. Se estiver, você tem a responsabilidade de transmitir a mensagem do pai dela.

No domingo seguinte, Debra Robinson estava deitada na cama, chorando. Na noite anterior havia sido o noivado da sua irmã mais nova, Susie. Apesar de estar feliz pela irmã, o noivado inegavelmente havia servido para acentuar seu próprio sentimento de solidão e sua ansiedade a respeito do relacionamento com Ed.

– Meu Deus, por favor – exclamou Debra, em agonia –, ajude-me a descobrir o que fazer! Eu lhe imploro... que me mande um sinal! – Naquele exato momento, o telefone tocou.

– Debra? – perguntou uma voz conhecida. – Aqui é Chuck Anton...

Três meses depois, Debra e Ed se casaram e levam uma vida muito feliz!

Comentário

Muitas das decisões da vida são dolorosamente difíceis de tomar, pois nenhum de nós sabe o que está por vir. A sacudidela provocada pela coincidência pode nos dar um empurrão na direção certa. Nesta história, Debra sentiu-se extremamente reconfortada pela mensagem maravilhosa do seu pai e sobretudo por ela ter chegado exatamente quando mais precisava dela – e estava mais receptiva. Que cronometragem perfeita! No momento preciso em que estava se sentindo especialmente perdida, Debra recebeu um comunicado amoroso, que lhe deu apoio e estímulo, do seu pai, que lhe dizia: "Estou do seu lado! Você não está só!"

Uma mulher do bairro de Queens, em Nova York, estava debruçada na janela do seu apartamento no oitavo andar, pedindo socorro aos berros. Estava presa no banheiro. A maçaneta de dentro caíra quando seu filho mais novo, de dois anos de idade, havia fechado a porta por fora. Dois dos seus outros filhos, de quatro e cinco anos, estavam sozinhos na cozinha, enquanto a comida cozinhava no fogão. A mulher se dividia entre tentativas de derrubar a porta e os gritos à janela. Os dois procedimentos pareciam inúteis e ela estava começando a perder as esperanças.

Enquanto isso, um rapaz que morava a mais de 30 quilômetros dali estava por acaso visitando o bairro. Da rua, ele ouviu os apelos da mulher. Acenou para chamar sua atenção e depois gritou dizendo que ia subir para ajudá-la. Pouco tempo depois, ela ouviu sua voz do lado de fora da porta do banheiro.

– Preste atenção – ensinou o rapaz. – Ponha o dedo no buraco no qual a maçaneta deveria estar, puxe para cima, levante a porta só um pouco e então abra-a com um puxão rápido. – A mulher seguiu as instruções do desconhecido e dentro de instantes a porta estava aberta.

Uma vez liberta da sua prisão temporária, ela correu para ver como estavam os filhos. Em conseqüência dos gritos da mãe, eles estavam nervosos e precisaram de algum carinho para acalmar o choro. A mulher, então, voltou-se para o rapaz, assombrada:

– Como é que você conseguiu entrar no meu apartamento? E como soube abrir a porta do banheiro?

– Não foi difícil – respondeu ele, com um sorriso no rosto. – Nasci aqui. Morei neste apartamento durante 15 anos. Sei entrar pela porta da frente sem uma chave. E a maçaneta do banheiro? Ela sempre caía e nós aprendemos a abrir a porta do jeito que lhe ensinei!

Comentário

Às vezes precisamos voltar a passar por trilhas já conhecidas a fim de ajudar alguém a fazer uma travessia que fizemos antes.

Num dia frio em 1942, dentro de um campo de concentração nazista, um menino solitário olha para além do arame farpado e vê uma menina que passa. Também ela se sente comovida pela presença dele. Na tentativa de dar expressão a seus sentimentos, ela joga uma maçã vermelha por cima da cerca – um sinal de vida, de esperança e de amor. O menino se abaixa, apanha a maçã. Um raio de sol penetrou na escuridão da sua vida.

No dia seguinte, achando loucura acreditar na possibilidade de ver a menina outra vez, ele olha para o outro lado da cerca, esperançoso. Do outro lado do arame farpado, a menina anseia por voltar a ver aquela figura trágica que a deixa tão comovida. Ela traz de novo uma maçã. Apesar de mais um dia de nevascas de inverno e de ar gelado, os dois corações se aquecem quando a maçã passa por cima do arame farpado. A cena é repetida por alguns dias. Os dois jovens espíritos de cada lado da cerca anseiam por ver um ao outro, mesmo que seja por um instante e mesmo que seja para trocar algumas palavras. A conversa é sempre acompanhada de uma troca de sentimentos inexplicavelmente animadores.

No último desses encontros momentâneos, o menino cumprimenta sua querida amiga com expressão triste e diz: "Amanhã, não me traga a maçã. Não vou estar aqui. Estão me mandando para outro campo." Ele então vai embora, inconsolável demais para olhar para trás.

Daquele dia em diante, a imagem tranqüilizadora da menina voltaria a lhe aparecer em momentos de angústia. Seus olhos, suas palavras, sua consideração, a maçã vermelha, tudo isso era uma visão recorrente que interrompia seus suores noturnos. Sua família morreu na guerra. A vida que ele havia conhecido praticamente desaparecera, mas essa única lembrança permaneceu viva a lhe dar esperança.

Em 1957, nos Estados Unidos, dois adultos, ambos imigrantes, vão a um encontro marcado para eles por amigos.

– E onde é que você estava durante a guerra? – pergunta a mulher.

– Estive num campo de concentração na Alemanha – responde o homem.

– Eu me lembro de que costumava jogar maçãs por cima da cerca para um menino que estava num campo de concentração – recorda-se ela.

Com uma sensação de choque, o homem fala:

– E esse menino disse um dia para você não lhe trazer mais maçãs porque ele estava sendo mandado para outro campo?

– Disse, sim, mas como é que você sabe disso?

– Eu era aquele menino – diz ele, olhando nos olhos dela.

Segue-se um breve silêncio e ele continua:

– Fui separado de você naquela época e não quero nunca mais ficar sem você. Quer se casar comigo? – Os dois se abraçam e ela responde que sim.

No Dia dos Namorados em 1996, numa transmissão nacional do programa de Oprah Winfrey, esse mesmo homem confirmou seus 40 anos de amor pela esposa.

– Você me alimentou no campo de concentração – disse ele. – Você me alimentou ao longo de todos esses anos. E agora seu amor continua a ser meu mais precioso alimento.

Comentário

Os momentos mais escuros da nossa vida podem conter as sementes do mais lindo amanhã.

Em 1995, Susie Henderson* estava com 45 anos, nunca havia sido casada e se sentia presa a um emprego sem perspectivas. Desanimada também com o fracasso da psicoterapia convencional em criar mudanças significativas na sua vida pessoal, ela resolveu encerrar seu tratamento e experimentar outros caminhos menos convencionais de ajuda. Matriculou-se numa série de encontros de fim de semana para o crescimento pessoal, adotou a meditação, passou a fazer preces, estudou em centros de retiro da Nova Era e chegou a consultar um médium ou dois.

Nenhuma dessas opções produziu a metamorfose que ela esperava, até que uma amiga a encaminhou a um "psicólogo espiritual" que incluía "princípios espirituais" no processo psicoterápico. Agora, Susie finalmente começava a passar pela transformação pessoal que estivera procurando. Encontrava menos dificuldades com os homens, criou relacionamentos mais estáveis com eles e afinal conseguiu se livrar das correntes que ainda a prendiam a um emprego sufocante.

Uma das técnicas que o psicólogo espiritual de Susie lhe ensinou foi a de pedir ao universo qualquer coisa que realmente quisesse. Durante as sessões, Susie muitas vezes havia se queixado de que Deus não atendia a suas necessidades. Seu terapeuta a interrompia:

– Você alguma vez chegou a pedir?

– O que você quer dizer com pedir?

– O universo é abundante e generoso – respondeu o terapeuta. – Basta que você peça a Deus o que quiser. Mas existe uma técnica. – O terapeuta ensinou a Susie a arte de fazer afirmações e salientou que era preciso ser extremamente específico quando se expressava um pedido. Era preciso dizer a Deus exatamente o que se queria e precisamente quando, quanto e para que finalidade. Cética a princípio, Susie descobriu, para sua própria surpresa, que, na maior parte do tempo, pedir a Deus o que queria... funcionava.

Um dia, no seu novo emprego como administradora de um asilo para pessoas com deficiências de desenvolvimento, Susie estava realizando uma sessão de "fixação de metas" com os monitores da sua equipe. Eles estavam extremamente estressados por trabalhar com pessoas profundamente incapacitadas e, usando a sessão como válvula de escape, faziam queixas eloqüentes. Susie deu a volta na sala e, repetindo as estratégias que seu próprio terapeuta lhe havia ensinado, começou a treinar seus monitores na arte de atingir suas metas. Embora eles zombassem do exercício, Susie lhes pediu que deixassem de lado por um momento sua descrença.

– Vamos conversar sobre o que vocês gostariam de mudar no seu ambiente de trabalho – começou Susie. – Que mudanças poderiam aumentar sua satisfação com seu emprego? O que você gostaria de ver acontecer? Se você tivesse uma varinha de condão, que novas condições gostaria de criar? – perguntou ela a Denise, uma funcionária mal-humorada e insatisfeita.

– O que eu gostaria de ver acontecer? – gritou Denise, feliz por ter uma oportunidade de dar vazão à sua raiva e frustração. – Bem, estou morta de cansaço de ver uma das minhas pacientes, a coitada da Karen, esperando junto à janela todos os dias por parentes que nunca aparecem. Ninguém da família vem visitá-la. A mãe dela não vem aqui há seis meses. É de partir o coração... Não consigo suportar mais a dor que ela sente!

– Muito bem – disse Susie, com um gesto de estímulo. – Então, o que é que você quer exatamente?

– Quero que seus parentes venham visitá-la, droga!

– Certo, vamos expressar esse desejo em termos bem precisos – recomendou Susie.

Susie trabalhou com Denise alguns minutos até conseguir que ela ficasse em pé no meio da sala para expressar seu desejo na linguagem do terapeuta de Susie:

– Com estas palavras, eu me comprometo a que a mãe de Karen e outros parentes venham visitá-la com mais freqüência.

– Com que freqüência? – insistiu Susie. – Você tem de ser exata.

Denise reformulou o pedido.

– Com estas palavras, determino que sua mãe venha de dois em dois meses.

– Perfeito! – disse Susie, batendo palmas. – Ótimo. Agora vamos ver o que acontece.

Exatamente na noite seguinte a mãe de Karen apareceu no asilo pela primeira vez em seis meses. Os olhos de Susie brilharam quando Denise lhe deu a notícia.

– Por que você acha que ela veio? – perguntou Susie.

– Hum... alguém provavelmente ligou para que ela viesse – murmurou Denise, descrente.

– Vá perguntar a ela se foi isso o que a trouxe aqui hoje – recomendou Susie.

No entanto, quando lhe foi feita a pergunta, a mãe de Karen abanou a cabeça com energia.

– Não, ninguém ligou para mim. Aconteceu de eu estar nas vizinhanças e resolvi aparecer.

Dois dias depois, a avó de Karen, que não viera visitá-la nos últimos quatro anos, também apareceu.

– Alguém ligou para a senhora vir? – perguntou Denise, espantada ao vê-la.

– Não – disse a avó. – Foi só porque comecei a pensar na Karen, só isso. Alguma coisa... não lembro o quê... me fez pensar nela.

No dia seguinte, a tia de Karen veio; e no outro, sua prima.

– Meu Deus – disse Denise a Susie, quando toda uma procissão de parentes começou a desfilar pelo asilo até o quarto de Karen, que recebeu mais visitas em uma semana do que em todo o ano!

– E então, qual é sua conclusão? – perguntou Susie, com um sorriso.

– Ah, para mim está muito claro – disse Denise com a máxima certeza. – É... pura coincidência!

Comentário

Esta história retrata com vigor o poder da crença e suas reverberações... em dois níveis totalmente diferentes. Num dos níveis, temos o despertar da consciência espiritual de que nossas crenças criam nossas realidades – a lição que o terapeuta espiritual de Susie lhe ensinou e que ela, por sua vez, transmitiu à sua equipe. Em outro nível, aprendemos com a reação de Denise que basicamente a maioria de nós vê o que quer ver na vida e que, no fundo, os olhos vêem a partir do coração.

Linda Valentine* era uma modelo famosa. No entanto, apesar do dinheiro, da fama e do glamour, ela sentia um vazio que a corroía por dentro. Havia uma sensação de desconforto da qual ela não conseguia se livrar, uma inquietação do espírito que a enchia de pavor e ansiedade. À noite era atormentada pela insônia. Começou então a consultar os amigos sobre as vantagens de tomar medicamentos.

Alguns apressaram-se em concordar, outros propuseram terapias alternativas. Linda teve alguma melhora e, naquele momento, realizou grandes conquistas profissionais, assinando contratos com que vinha sonhando havia anos. No entanto, apesar da súbita realização das suas maiores ambições, sua angústia voltou a dominá-la. Sua alma continuava atormentada.

Um dia de manhã, ela seguia pelo trajeto costumeiro até o trabalho, pela avenida principal, quando o trânsito parou. Um encanamento de água se havia rompido e o trânsito estava sendo desviado para uma ruazinha obscura pela qual ela nunca havia passado antes. Enquanto seguia lentamente pela rua desconhecida, ela percebeu uma pequena igreja com um cartaz escrito à mão que dizia: "Sem Deus, não há paz. Conheça Deus, conheça a paz. Todos são bem-vindos." "Hum, que esquisito!", pensou ela.

Na manhã seguinte, Linda seguia mais uma vez pela avenida principal a caminho do trabalho, quando, pelo segundo dia consecutivo, o trânsito parou. Havia um incêndio numa das lojas ao longo do bulevar e carros do corpo de bombeiros vinham de todas as direções para o local. Policiais interditaram a área e desviaram o trânsito para a mesma ruazinha do dia anterior. "Ai, não!", gemeu Linda. "De novo, não!" Mais uma vez, ela passou pela pequena igreja. Desta vez, o cartaz pareceu atraente, não esquisito. Por um instante, ela acreditou que ele a estava convocando para entrar. "Que imaginação a minha!", disse ela, rindo e se censurando por sua queda para o melodrama. Mesmo assim, de dentro do carro, ela espiou a igreja, procurando ter um vislumbre do seu interior. Seu olhar parecia ansiar por alguma coisa.

No dia seguinte, ela pensou em mudar de trajeto, mas disse a si mesma que estava sendo boba. Afinal de contas, qual era a probabilidade de uma calamidade ocorrer na mesma rua três dias seguidos?

– Este vai ser um teste – disse ela a si mesma, rindo. – Se houver algum desastre e o trânsito for desviado para aquela mesma rua, terei certeza de que é um sinal!

Quando ela entrou na avenida, ficou perplexa. O trânsito estava parado ao longo de muitos quarteirões. "Um grande acidente", explicou um policial em tom de desculpas, desviando o trânsito novamente, pela terceira vez seguida, para a mesma ruazinha.

– Chega! – exclamou Linda. Estacionou o carro e entrou na igreja, onde havia apenas um padre. Ele ergueu os olhos para ela, com um sorriso.

– O que a fez demorar tanto? – perguntou ele.

Ele havia visto o carro de Linda passar por ali nos dois dias anteriores e havia percebido seu olhar ansioso. Os dois conversaram muito e ela passou a fazer parte da congregação. Isso foi há 18 anos, e ela está ali desde aquela época, tendo encontrado a paz e a serenidade que lhe escapavam em outros lugares. Exatamente como o cartaz prometia, o que ela realmente precisava na vida era de Deus. E, afinal de contas, não foi Deus quem a mandou até ali?

O Brooklyn College emite para todos os seus alunos carteiras de identidade com retratos que precisam ser mostradas aos guardas de segurança junto à entrada de diversos prédios no campus. Por isso, fiquei totalmente consternada uma noite quando, na entrada da biblioteca, enfiei a mão na bolsa para apanhar minha carteira de identidade e descobri que ela não estava lá! Embora eu implorasse ao segurança que me deixasse entrar, meus apelos não foram atendidos e eu tive de ir embora. Furiosa, eu me repreendia por ter perdido a identidade e me perguntava como e onde isso teria acontecido. Eu lembrava vagamente de ter tirado a carteira da bolsa em algum momento durante o dia, provavelmente a caminho do trabalho em Manhattan, mas dali em diante não me lembrava de mais nada. Eu estava irritada comigo mesma porque o processo de pedir uma nova carteira era um pesadelo burocrático, com horas de espera em filas pelo formulário de pedido, para tirar a fotografia, para validar a carteira, e assim por diante. O pior de tudo era que, como eu estudava no turno da noite e trabalhava em expediente integral, teria de tirar um dia de licença no trabalho, e eu acabara de entrar para aquele emprego.

Voltei para casa mais tarde naquela noite, de mau-humor, ainda me condenando e me perguntando como iria abordar meu chefe para pedir um dia de licença. Quando estava entrando, o telefone tocou. Era minha melhor amiga, Toby.

– Adivinhe o que encontrei hoje numa estação do metrô em Manhattan! – disse ela, exultante. – Você vai adorar a notícia.

– Que foi? – perguntei, rabugenta e obcecada com minha perda.

– Sua carteira de identidade!

– O quê! – berrei. – Isso é incrível! Onde foi que a encontrou?

– Na estação da Rua 34 da linha B. Vi um pedaço de papel no chão e alguma coisa fez com que eu me abaixasse para apanhá-lo. Imagine minha surpresa quando vi que era justamente a identidade da minha melhor amiga!

Nós duas concordamos que a recuperação da minha identidade havia sido um pequeno milagre e o atribuímos a um dos mistérios inegáveis da vida.

No instante em que estava desligando ocorreu-me uma idéia.

– Toby... espere aí... acabei de me lembrar de uma coisa... Você em geral não toma a linha B para Manhattan, certo?

– Não, mas houve algum problema mecânico com o trem da linha N onde eu estava e ele foi recolhido. Esperei por outro, mas, depois de 20 minutos, perdi a paciência. Por isso, andei pela estação para mudar para a linha B.

– Toby, você percebeu – perguntei, emocionada – que, se tivesse ficado esperando pelo trem da linha N, nunca teria encontrado minha identidade?

YITTA HALBERSTAM MANDELBAUM

Comentário

Um avião em que não se conseguiu embarcar e que sofre um acidente... um objeto que misteriosamente acaba voltando para seu proprietário... um telefonema inesperado de um amigo, exatamente no momento em que se está passando por uma crise ou sentindo uma grande tristeza. Esses são sinais que podem nos despertar do nosso entorpecimento e nos lembrar de que a mão de Deus está sempre ali, a nos guiar pelos nossos dias afora.

Minha mãe, que é viúva, praticamente não consegue se manter e conta comigo para auxiliá-la financeiramente. Como não sou exatamente rica, isso representa uma enorme carga. A maior parte do tempo, agüento essa responsabilidade com serenidade e bom-humor, mas, de vez em quando, o estresse me deixa com os nervos à flor da pele. Foi esse o caso no mês passado, quando o ar-condicionado da minha mãe começou a enguiçar durante a pior onda de calor do verão.

Durante os meses anteriores, ela havia tido necessidades especiais além das despesas de rotina. Parecia que não se passava um dia sem que ela me chamasse para falar de uma nova conta que queria que eu pagasse. Por isso, quando ligou e me disse que precisava de um novo aparelho de ar condicionado, minha resposta foi curta e grossa.

– Agora não! – gritei, batendo com o telefone.

Naquela noite, cheguei em casa tarde do trabalho e descobri que meu apartamento parecia uma sauna. Assim que abri a porta, o ar quente me atingiu e gotas de suor começaram a escorrer pelo meu rosto e pelo meu corpo.

– Graças a Deus, tenho ar-condicionado central! – disse a mim mesma, enquanto virava o botão para acioná-lo.

Esperei que o ar frio jorrasse pelas saídas, mas nada aconteceu.

De repente, percebi a falta do zumbido lento, vibrante e regular que sempre caracterizou o funcionamento do ar-condicionado central.

– Não dá para acreditar! – resmunguei comigo mesma, desanimada. – O ar-condicionado central, que nunca me deu o menor problema, enguiçou... na noite mais quente do ano!

Eram 11 da noite, tarde demais para chamar um técnico. Eu simplesmente teria de agüentar suando até o dia seguinte de manhã.

A noite foi tão desconfortável que não consegui dormir. Eu me virava e me debatia, tomei repetidos banhos de chuveiro e muitos copos de bebidas geladas. No entanto, nada ajudava. Lá fora, o calor era insuportável, e eu estava desesperada.

De repente, sentei-me na cama.

– Meu Deus! – pensei, cheia de culpa. – Coitada da minha mãe! Se eu, uma mulher saudável de 40 anos, estou passando por um desconforto tremendo, o que ela estará sofrendo?

Senti-me arrasada de vergonha e remorso pelo meu comportamento cruel do dia anterior, pela minha falta de compaixão por minha mãe. Talvez, porém, a culpa não fosse totalmente minha. Talvez eu não tivesse compreendido como o calor podia ser insuportável. Afinal, tive um vislumbre daquilo que ela vinha sofrendo quando meu próprio ar-condicionado parou de funcionar.

– Amanhã cedo, vou comprar um ar-condicionado para ela! – resolvi imediatamente. – Não vou nem mesmo trabalhar enquanto não me certificar de que ele esteja instalado no seu quarto.

Satisfeita com a decisão, voltei a me acomodar nos meus travesseiros e fechei os olhos. De repente, ouvi o ruído mais bem-vindo do mundo: os motores do ar condicionado que começavam a girar.

O ar frio começou a entrar com força. Suspirei, cheia de assombro e descrença com a cronometragem impecável. E então soube que meu gesto interior havia sido abençoado.

CELIA ROBBINS*

Comentário

Achamos que a nossa generosidade só consegue manifestar-se através de gestos físicos concretos. Mas, na realidade, apenas a idéia de fazer uma boa ação já tem poder suficiente para provocar uma mudança no universo.

Durante mais de 10 anos, minha família viajou na primavera até o Pine View Hotel, nas montanhas Catskill, para os feriados da Páscoa judaica. Ao longo desse período havíamos feito muitos bons amigos entre os outros hóspedes habituais. Meus pais ficaram especialmente amigos de um casal simpático que também se hospedava com freqüência naquele local. Apesar de não entrarem em contato ao longo do ano, manifestavam muita alegria quando se encontravam no Pine View.

Meus pais já conheciam esse casal – Eve e David Stern* – havia mais de 10 anos e o consideravam um dos casamentos mais felizes que conheciam. Esperavam ansiosos por esses reencontros anuais. Assim, numa Páscoa, quando meus pais estavam se registrando no hotel, ficaram chocados ao encontrar Eve no saguão, de braço dado com outro homem, que ela imediatamente nos apresentou como seu "novo marido". Meus pais quase desmaiaram.

Assim que pôde, minha mãe chamou Eve para uma conversa particular e lhe perguntou o que havia acontecido. Eve respondeu dizendo que estava tão espantada quanto minha mãe e que ainda se sentia abalada com os estranhos caprichos do destino pelos quais havia passado nos meses mais recentes. Comentou que não conseguia compreender aquilo tudo, mas que relataria com prazer a seqüência de acontecimentos que para ela representavam um desafio à razão.

– Há cerca de 11 meses, meu marido jogou uma bomba em cima de mim. Sem nenhuma explicação, ele me disse que queria o divórcio. Fiquei paralisada. Sempre me senti satisfeita com nosso casamento e supunha que ele também se sentisse assim. Nunca havíamos tido nenhuma dificuldade antes e não havia nenhuma causa aparente para esse impulso repentino. Por mais que eu lhe implorasse que me desse uma razão, um motivo, ele se recusava. Insistia que sempre havia sido infeliz e queria fazer uma mudança na vida antes que fosse tarde demais. Fiquei arrasada e magoada; mas, depois de algumas semanas em que tentei convencê-lo a procurar um aconselhamento matrimonial ou a mudar de idéia, cedi. Eu não queria viver com alguém que não queria viver comigo. Portanto, concordei com o divórcio e cada um foi para o seu lado.

– Seis meses depois, conheci o homem que lhe apresentei no saguão e me casei com ele. Ele é maravilhoso e eu estou felicíssima. Na realidade, muito mais feliz do que no meu primeiro casamento. Tudo corre bem até demais. Só que há um ponto que me perturba – disse Eve devagar. – Uma coisa que me dá arrepios e para a qual não consigo encontrar nenhuma explicação racional. É que meu segundo marido também se chama David Stern – igual ao primeiro. Bem, pode-se dizer que o primeiro nome David e o sobrenome Stern são bastante comuns, mas não é isso o que me assusta. O que eu acho misterioso é que tanto meu segundo marido quanto o primeiro nasceram exatamente no mesmo dia, mês e ano, os dois em 8 de setembro de 1931. Agora – disse ela, voltando-se para minha mãe –, como é que se explica isso?

SHIRA FREEDMAN

Comentário

Há marcos que nos direcionam para uma determinada trajetória na vida. Nascemos sob a influência de certos astros e recebemos um nome específico. Eles nos indicam uma direção que nem sempre entendemos. Pois é muito difícil nos distanciarmos de nós mesmos para ver como todos esses marcos atuam no esquema maior das nossas vidas.

Querida Abby,

Há algumas semanas, você pediu aos leitores que relatassem suas experiências de tentativas de suicídio. Sei que já publicou muitas e espero que não se importe de publicar mais uma.

Há 10 anos, parecia que tudo estava contra mim. Fiquei deprimida e com tendências suicidas. Tentei uma vez me matar num motel, mas uma camareira me salvou.

Saí do hospital determinada a acabar com a vida. Comecei a estocar remédios. Ainda havia em mim uma parte que talvez desejasse encontrar uma saída, pois às vezes eu ia à igreja em busca de alguma resposta. Mas, de repente, eu me surpreendia olhando em volta e procurando um lugar no teto onde pudesse me enforcar. Dois meses mais tarde, tentei novamente. Dirigi-me a uma pequena cidade, levando comigo 300 comprimidos.

Uma amiga conseguiu descobrir o motel em que eu estava. Três outras conseguiram me convencer a ir até o hospital. Entrei naquele hospital com os 300 comprimidos, determinada a me matar ali.

Enquanto estava sentada no saguão, apanhei um exemplar de

Seleções do Reader's Digest e o abri ao acaso, sem olhar o índice. Aqui é a parte incrível: a página que abri a esmo continha um artigo intitulado "Antes de você se matar". Ele oferecia diversas razões fortíssimas para optar pela vida em vez de pelo suicídio. Misteriosamente, as palavras do artigo devem ter me fornecido as respostas que eu buscava.

Chamei uma enfermeira e lhe entreguei todos os comprimidos que havia escondido. Você deveria ver a expressão que ela fez!

Aquele artigo de *Seleções* salvou minha vida. Isso foi há 10 anos e estou muito bem agora!

De uma coluna publicada em setembro de 1995.

Comentário

Às vezes, tudo o que é preciso para resgatar a alma e fortalecer o coração é uma palavra generosa e uma mensagem de esperança e inspiração.

Gerry dirigia um grande Cadillac vermelho, que servia para diversas finalidades. Nos fins de semana, a família inteira aproveitava o carro, e durante a semana Gerry o usava para transportar mercadorias. Gerry era vendedor e guardava amostras dos seus produtos eletrônicos na mala do carro.

Um dia típico para Gerry envolvia fazer visitas de vendas em locais diferentes. No dia 15 de agosto de 1994, ele deu uma parada diante da Bob's Electronics, na esperança de fazer uma boa venda. Através da vitrine, viu Bob, o dono da loja, que se encaminhava para a caixa registradora. Em vez de estacionar o carro para o que supôs ser uma conversa de dois minutos, Gerry deixou o motor ligado e caminhou até a loja.

– Ei, Bob – gritou Gerry, segurando a porta aberta. – Está precisando de alguma coisa?

– Hoje não – foi a resposta. – Mas tente de novo no final da semana.

– Certo – disse Gerry, voltando rapidamente para o carro.

Só que não havia carro algum. Aquela conversa de dois minutos havia sido suficiente para que alguém se instalasse ao volante e saísse dirigindo. Primeiro ele ligou para a polícia e depois para seu bom amigo Mike.

– Mike! Pegaram meu Cadillac!

– O que você está querendo dizer? – perguntou Mike.

– O que eu estou querendo dizer?! Estou dizendo que meu CARRO FOI ROUBADO! – berrou Gerry.

– Onde é que você está? – perguntou Mike, preocupado. – Já estou indo para aí.

Gerry deu-lhe o endereço e esperou, ansioso, por ajuda.

A polícia foi a primeira a aparecer. Momentos depois, Mike chegou. A polícia anotou a informação necessária e garantiu a Gerry que todos os esforços seriam feitos para recuperar seu carro. Tendo terminado o trabalho preliminar, foram embora.

Mike voltou-se para Gerry.

– Ande, vamos procurar seu carro nós mesmos – disse, num tom excessivamente otimista. Gerry estava incrédulo.

– O ladrão pode estar agora em qualquer lugar! – respondeu, exasperado. – O Brooklyn é um lugar ENORME! Por onde é que vamos começar a procurar?

– Acho que você tem razão – respondeu Mike, já desanimado. – É uma idéia ridícula mesmo. Olhe, estou precisando comprar um alicate no Rickel's Home Center. Você acha que pode esperar no carro enquanto eu dou uma corrida até a loja? Não vai demorar mais de um minuto.

– Não tem problema – disse Gerry. Estava se sentindo extremamente abatido e aceitou a oportunidade de estar com seu amigão, não importava aonde fossem ou o que estivessem fazendo.

Vinte minutos depois chegaram ao enorme estacionamento do Rickel.

– Acho que não estou com vontade de entrar – disse Gerry. – Vou ficar aqui fora esperando.

– Por mim, tudo bem – respondeu Mike, ao sair do carro. – Como eu disse, só vai levar uns minutos.

Gerry ficou sentado, sem ânimo, no carro, olhando lá fora as centenas de automóveis estacionados. O dia estava nublado. As nuvens cinzentas espelhavam seu mau-humor. De repente, por uma fração de segundo, as nuvens se abriram e uma luz estranha desceu do céu.

Gerry ficou fascinado por esse único raio de sol que brilhava sobre um carro. Era como se um raio laser tivesse perfurado as nuvens para iluminar aquele único veículo. "Que estranho!", pensou Gerry, esticando a cabeça para fora da janela para dar uma olhada melhor no raio de sol que brilhava no capô do carro. E, de repente, ele se deu conta. Aquele era o seu carro.

Parado entre os milhares de automóveis no enorme estacionamento estava seu próprio Cadillac vermelho. Gerry chamou a polícia novamente. Desta vez, para conseguir a restituição do que lhe pertencia.

Blanca nasceu em Satmar, uma pequena cidade no interior da Hungria. Era a terceira numa família de dez: sete meninas e três meninos. Por fazer parte de uma família numerosa, numa comunidade apinhada de crianças, Blanca ficava mais ou menos perdida na multidão. Não era uma aluna exemplar. Não apresentava nenhum talento excepcional nem era extraordinariamente popular com os amigos. Ninguém dava muita atenção a ela.

Ninguém a não ser Sergi.

Era um garoto que morava no mesmo quarteirão. Desde pequenos, Blanca e Sergi brincavam juntos no quintal das suas casas e nos campos na periferia do lugarejo. Muito depois que todos os outros já haviam abandonado as brincadeiras infantis, eles continuavam a se divertir com elas. Aos 14 anos de idade, Sergi falou à sua mãe dos seus planos para o futuro:

– Um dia vou me casar com Blanca – disse ele, durante o jantar.

– Claro que vai – respondeu sua mãe, e depois insistiu para que ele terminasse o prato. Blanca sabia como Sergi gostava dela, e isso fazia com que se sentisse especial.

A admiração de Sergi por Blanca aumentou com o passar dos anos. Na noite do aniversário de 15 anos da menina, Sergi veio dar-lhe os parabéns, fazendo uma serenata para ela com canções de amor, acompanhado por um conjunto de ciganos que tocava violinos e violões.

– Você é o máximo para mim – gritou para ela.

Para os dois namoradinhos a vida era boa, mas não durou muito. Pouco depois daquela noite especial teve início a Segunda Guerra Mundial. Prevendo o pior, os pais de Blanca decidiram transferir a família para os Estados Unidos. Blanca ficou arrasada. “Como vou poder abandonar Sergi?", pensou. "Mas como não abandoná-lo?" Aos 15 anos de idade, Blanca não imaginava que tivesse outra opção a não ser obedecer aos pais.

– Vou sentir saudades – disse Blanca a Sergi, em lágrimas.

– Escreva para mim – implorou Sergi. Os dois prometeram manter contato e voltar a se encontrar um dia em breve.

Para Blanca, a mudança para os Estados Unidos foi difícil e perturbadora. Embora ansiasse por manter contato com Sergi, a guerra tornou isso impossível. Quando Blanca fez 18 anos, seus pais providenciaram para que ela conhecesse um rapaz que tinha uma boa reputação. O coração de Blanca ainda suspirava por Sergi, mas ela foi convencida a deixar o passado para trás. Casou-se com o rapaz e juntos criaram uma família. Apesar de vários desafios, o casamento foi bom. Com o passar do tempo, a lembrança de Sergi se apagou um pouco, mas ele nunca foi totalmente esquecido.

Em 1995, Blanca voltou à sua terra natal. Era agora avó, com 10 netos. Por um parente distante, soube que Sergi ainda morava em Satmar. Essa informação despertou nela um desejo de voltar à sua pátria. Ansiava por dizer a Sergi tudo o que ele havia representado para ela ao longo dos anos. Queria dizer-lhe que ele sempre havia sido uma doce lembrança, que ela nunca deixou de amá-lo com o amor inocente que sentia por ele quando criança.

Blanca andou pelas ruas de Satmar, surpresa ao ver como o lugar parecia pequeno em comparação com suas lembranças. Recordou-se de que, quando menina, um cavalo com charrete era uma cena comum. Agora havia táxis, ônibus e automóveis por todos os lados. Ela chamou um táxi.

– Por favor – disse, na sua língua materna –, pode me levar a esse endereço? – Blanca mostrou ao motorista o nome da rua e o número em que Sergi supostamente morava.

– Ah, meu querido amigo Sergi. A senhora quer visitá-lo?

– É, quero – disse Blanca, surpresa de que o motorista o conhecesse.

– A senhora não soube? – disse o motorista, baixando a voz. – Ele faleceu ontem.

Blanca não chegou a dizer o que estava no seu coração. Em vez disso, visitou seu túmulo no cemitério, pôs uma coroa sobre a lápide, beijou-a delicadamente e foi embora.

Comentário

Achamos que sempre haverá um amanhã. Então para que expor nossos sentimentos hoje? Para que correr o risco de nos tornarmos vulneráveis? Para que vamos nos arriscar? Porque hoje aquilo que amamos, aquilo que sentimos, aquilo que é real, é o que temos. Amanhã tudo pode mudar.

Abraham Leifer, de Ashdod, Israel, que morreu há cinco anos, foi um rabino célebre, com muitos seguidores. Quando um dos integrantes do seu fiel rebanho casou um filho em Antuérpia, na Bélgica, o rabino Leifer reuniu um grupo em Israel para comparecer ao casamento. Eram ao todo nove homens.

Quando estavam a menos de 500 quilômetros de Antuérpia, o piloto de repente informou que o avião estava com pouco combustível e que eles teriam de fazer um pouso não planejado. Aterrissaram num pequeno aeroporto de uma cidade do interior.

Todos desembarcaram, e o rabino e seus seguidores resolveram procurar um lugar tranqüilo onde pudessem fazer suas orações vespertinas. O rabino dirigiu-se a um funcionário do aeroporto e lhe perguntou se seria possível abrir uma sala onde eles pudessem orar em privacidade. O pedido foi feito em termos comuns, em inglês, mas o homem empalideceu como se tivesse levado um soco. Olhou fixamente para o rabino, sem conseguir acreditar, antes de responder.

– Vou fazer o que me pede... desde que o senhor me permita entoar a oração em memória dos mortos por meu pai!

– Você é judeu? – perguntou o rabino, assombrado. O homem fez que sim. – Eu não sabia que havia judeus morando nesta parte da Bélgica. O que você está fazendo aqui?

– Melhor ainda... – replicou o homem. – O que vocês estão fazendo aqui... justo hoje, o dia em que eu precisava de vocês?

O homem abriu a porta da sala particular solicitada pelo rabino.

– Deixe-me contar-lhe uma história, que o senhor pode achar difícil de acreditar. Mas garanto que é verdadeira:

– Rompi com minha família e fugi para este pequeno lugarejo. Embora seja de família extremamente ortodoxa, não sou religioso há décadas. Não recito a oração pelos mortos por meu pai há anos.

– Ontem à noite tive um sonho no qual meu pai me apareceu e disse: "Meu filho, amanhã é o aniversário da minha morte e eu quero que você faça a oração pelos mortos por mim!" "Mas, pai", protestei no sonho, "é preciso no mínimo 10 homens para fazer a oração. Sou o único judeu aqui. Como vou encontrar os outros nove?" "Meu filho", respondeu meu pai, "se você me prometer fazer a oração, eu lhe prometo que completo o número necessário."

– Quando acordei do sonho – disse o homem ao rabino –, estava trêmulo, em estado de choque. Mas logo disse a mim mesmo que era só um sonho e me tranqüilizei, achando que ele não tinha nenhuma importância. Na realidade, era ridículo! Afinal de contas, como um quorum de nove judeus iria aparecer numa remota aldeia rural da Bélgica, na qual não mora mais nenhum judeu?

– Venha, meu amigo, vamos rezar! – disse o rabino, passando o braço pelos ombros do homem.

Em setembro de 1995, meu filho de oito anos chegou da escola um dia contando, empolgado, que um aluno novo, vindo do exterior, havia entrado para sua turma.

– Esse menino – disse-me ele, cheio de alegria – é igualzinho a mim. É muito legal, mamãe. Josh adora basquete, é ótimo nos esportes, é bagunceiro, engraçado e sabe pregar peças maravilhosas nos professores! – Beleza! Agora os pobres-coitados teriam de lutar contra um duo demoníaco no lugar da ameaça que antes atuava sozinha! De fato, os dois diabinhos espirituosos e divertidos uniram suas forças para uma série de travessuras, brincadeiras inocentes e molecagens que deixou o pessoal da escola atordoado. Meu filho estava fascinado pelo novo amigo. Num tom de assombro e de agradável surpresa, ele comentava constantemente que era incrível como os dois eram parecidos.

Um dia, meu filho veio para casa com Josh para fazerem juntos um trabalho para a escola. Como morava em outro bairro, Josh perguntou se eu poderia levá-lo para casa quando terminassem e eu concordei prontamente. Quando parei diante da sua casa, ele me convidou para entrar e conhecer sua mãe. Estava tarde, mas, como não gosto de ser indelicada com crianças, concordei em sair do carro. Josh levou-me até a sala de estar e foi procurar sua mãe.

– A mãe do Eli está aqui! – ouvi-o gritando para ela. – Venha conhecê-la... você vai adorar!

Passos leves e rápidos vieram descendo a escada, e eu me voltei para conhecer a mãe de Josh. Ela piscou. Eu pisquei. Seu queixo caiu. Eu fiquei boquiaberta. Seus olhos encheram-se de lágrimas. Eu fiz um enorme esforço para sufocar um soluço. E então, ao mesmo tempo, corremos uma na direção da outra e ficamos abraçadas um bom tempo. Josh ficou ali olhando a cena, paralisado e perplexo.

– O que é que está acontecendo? – perguntou.

– Ah, Josh! – exclamou sua mãe, rindo e enxugando uma lágrima. – A mãe de Eli e eu fomos muito amigas no ensino médio. Depois da formatura, eu me mudei para outro país, conheci seu pai e morei fora daqui alguns anos. Eu não vejo Yitta há 22 anos!

Naturalmente, eu não fazia a menor idéia. Como eu poderia saber? Era o sobrenome do pai (que significa "bom amigo") que Josh usava, não o sobrenome de solteira da mãe; apesar de que, pensando bem, o sobrenome já devesse ter me sugerido uma pequena suspeita, se não uma pista reveladora!

YITTA HALBERSTAM MANDELBAUM

Comentário

O legado do amor e da amizade cobre gerações e é transmitido por elas, talvez até mesmo através de um traço genético marcado em nós de algum modo misterioso e insondável. Somos todos nós ligados uns aos outros por linhas invisíveis, e o coração sempre volta à sua origem. Uma vez feitas as amizades, elas realmente nunca desaparecem, mas continuam vivas nos nossos pensamentos, nos nossos atos e nas vidas dos nossos filhos.

Na década de 1950, quando era inaceitável que uma mulher de classe alta trabalhasse fora, Eppie Lederer, de Chicago, não sabia o que fazer: como direcionar seu dinamismo e energia e o que fazer com sua crescente insatisfação.

Tinha um filho adolescente que passava o dia inteiro na escola e um marido executivo muito ocupado que viajava grande parte do tempo. Quando se mudou para a cidade grande em 1954, vinda de Eau Claire, Wisconsin, onde participava ativamente das questões cívicas, ela pensou em entrar para a política, mas foi aconselhada a não seguir essa idéia.

"Eu preciso fazer alguma coisa", pensava ela. "Tenho de ter alguma vocação!" Ainda não sabia qual, mas sem dúvida teria certeza quando a descobrisse.

Em agosto de 1955, Eppie estava lendo o *Chicago Sun Times* quando uma certa matéria chamou sua atenção. Ela leu a coluna repetidamente, uma, duas, três vezes, com interesse cada vez maior. Era a coluna de conselhos redigida por uma mulher chamada Ann Landers. Na parte inferior havia uma nota estimulando as pessoas a enviarem seus problemas a Ann Landers, com a promessa de que todas as cartas seriam respondidas pessoalmente, mesmo que não fossem usadas no jornal. "Essa colunista deve estar atolada de trabalho", pensou Eppie. "Aposto que ela gostaria de uma assistente. Ora, essa é uma coisa que eu gostaria de fazer: ajudar Ann Landers a responder sua correspondência!"

Apanhou imediatamente o telefone e ligou para um executivo que conhecia no jornal.

– Descobri o que eu gostaria de fazer – anunciou a Will Munnecke. – Vou ajudar Ann Landers a responder as suas cartas.

Houve um longo silêncio do outro lado da linha.

– Ora, mas é estranho – disse Munnecke – que você esteja me ligando agora. Ruth Crowley, nossa "Ann Landers", acabou de morrer, de repente... Eu ligo de volta para você.

Quando Munnecke ligou de volta para ela, Eppie Lederer já havia refeito seus planos. Como não existia mais a pessoa de quem poderia ser assistente, ela simplesmente assumiria a coluna sozinha!

Eppie sabia que era um desafio, mas tinha uma queda para esse tipo de coisa, afirmou para Munnecke. Em resposta, o executivo deu uma risada.

– Minha querida, fazer jornal não tem nada a ver com atender os desejos de senhoras desocupadas!

Quando percebeu que havia magoado Eppie, ele procurou amenizar o golpe, explicando com delicadeza que aquela coluna exigia uma formação que Eppie simplesmente não tinha. Ruth Crowley havia sido jornalista e enfermeira, e, além do mais, a coluna de Ann Landers era distribuída para 40 jornais no país inteiro!

Mas Eppie Lederer não se deu por vencida. Perguntou como a nova Ann Landers seria escolhida.

– Por concurso – respondeu Munnecke. – Todas as concorrentes receberão as mesmas cartas, para que suas respostas possam ser comparadas no que diz respeito ao conteúdo e ao estilo. Vinte e uma concorrentes já se apresentaram – a maioria delas, redatoras e repórteres.

– Pois bem, agora vocês têm 22! – respondeu Eppie, animada. Munnecke viu que não fazia sentido impedir Eppie de concorrer. "Ela logo perceberia por si mesma que não estava à altura", pensou.

– Está bem, você está inscrita – respondeu.

Eppie Lederer nunca havia escrito uma linha para ser publicada e nunca havia tido um emprego remunerado. No entanto, tinha outras qualificações importantes: bom senso, motivação, energia, uma idéia clara do que era certo e do que era errado e uma segurança incrível. O concurso estendeu-se por muitas semanas, e ela não parava de produzir, a título de experiência, colunas divertidas, interessantes e de fácil compreensão. Os juízes no *Sun Times* estavam impressionados, mas não sabiam com quem, já que cada concorrente era identificada por um número de código.

Semana após semana, mais concorrentes eram eliminadas, até que foi tomada a decisão final. Os números foram decodificados e a vencedora foi... Eppie Lederer! Houve uma pequena reunião com Eppie e alguns executivos. Eles lhe deram um voto de confiança não muito animador.

– Você não vai durar – disseram, sem ter a menor idéia do enorme sucesso que ela faria ao longo dos anos.

Comentário

Esta história ensina a importância de seguir os impulsos positivos e de ser espontâneo, em vez de deixar-se refrear pela lógica e pela razão (que para muitos parecem ser o bem supremo). É importante ser capaz de simplesmente aproveitar o momento e estar alerta para as oportunidades quando elas se apresentam.

Henry estava desrespeitando o limite de velocidade, indo na direção norte pela Ocean Parkway, no Brooklyn, Nova York. Estava se dirigindo a uma reunião de negócios e não tinha tempo a perder. Seus olhos moviam-se com agilidade enquanto ele observava os outros carros e procurava abrir caminho rapidamente em meio ao trânsito. Quando estava a ponto de entrar na rodovia expressa, Henry foi fechado por um veículo que vinha saindo da via lateral. Henry abriu a janela e berrou alguns palavrões cabeludos. Sam, o outro motorista, não quis aceitar aquilo sem reação. Ele também estava apressado e por isso pôs sua raiva em ação e fechou Henry na curva seguinte. A tensão cada vez maior de Henry agora se voltava contra esse motorista atrevido, que o havia provocado duas vezes. Em questão de segundos, Henry deu-lhe uma fechada, deixando apenas centímetros entre os dois carros. O ódio foi aumentando enquanto os dois dirigiam como loucos ao volante. Exatamente quando Henry achou que havia deixado o outro carro para trás numa nuvem de poeira, olhou pelo espelho retrovisor e lá estava ele de novo. Sam pisou no acelerador, abriu a janela e retribuiu os xingamentos de Henry, acrescentando mais alguns. Isso só foi jogar lenha na fogueira, e a perseguição passou a ter um lado ainda mais perigoso.

No entanto, da mesma forma repentina com que começou, tudo terminou com uma freada súbita e barulhenta. Henry parou e desceu do carro, surpreso ao ver Sam estacionar ao seu lado. Os dois entraram no mesmo prédio. Depois, no mesmo elevador. Havia uma expressão de perplexidade enquanto os dois se entreolhavam com ódio. Estavam totalmente desnorteados quando saíram do elevador e entraram pela mesma porta.

A verdade tornou-se aparente quando começaram a falar com educação: Henry, o fornecedor, e Sam, o cliente, estavam correndo, atrasados, para a reunião que tinham um com o outro.

Comentário

Seja educado com as pessoas com que se deparar nas rodovias e em qualquer trilha da sua vida, porque os caminhos se cruzam, as faixas se unem, e nunca se sabe onde, quando e em que circunstâncias irá acontecer outro encontro com aquelas mesmas pessoas.

Como próspero negociante de diamantes, o pai de Marie Denbar* viu que suas instalações na Rua 47, em Manhattan, estavam acanhadas e resolveu alugar um imóvel mais espaçoso no mesmo quarteirão. Um dia, ela o estava ajudando com a mudança quando encontrou um comerciante das redondezas diante do novo imóvel.

– Ah, é seu pai que vai se mudar para aqui agora? – disse ele. – Bem, espero que ele tenha mais sorte do que todos os inquilinos anteriores!

– Ora, o que aconteceu com eles? – perguntou Marie, alarmada.

– Nunca vi um lugar tão amaldiçoado – murmurou ele. – Todos os que se mudam para cá ficam um ano ou dois e declaram falência. Já aconteceu pelo menos umas 10 vezes.

Marie correu até o pai, que estava arrumando uma caixa de papelão no fundo da loja.

– Papai, o senhor não deve alugar esta loja. Ela dá azar! – E relatou ao pai o que acabavam de lhe contar.

– Não seja ridícula – zombou o pai de Marie. – Não existe essa história de um lugar ter azar! Sou um comerciante bem-sucedido e um espaço vazio não pode afetar meu futuro. Sinto vergonha de ter criado uma filha tão supersticiosa.

Dois anos mais tarde, seu pai abandonava as novas instalações, tendo perdido, pela primeira vez na sua longa carreira, centenas de milhares de dólares que nunca mais conseguiu recuperar.

Comentário

As coincidências poderiam ter servido como um aviso eficaz, mas infelizmente o negociante preferiu não lhes dar atenção. Resultado: foi forçado a sofrer as dolorosas conseqüências.

Parece haver, sim, lugares que pulsam com "má energia", quer se trate de casas em que ocorreu uma tragédia ou um ato violento, quer se trate de lojas que repetidamente ficam vazias. É provável que seja aconselhável evitar esses lugares. Quem ignora as mensagens dessas "coincidências" corre o risco de atrair problemas e desafiar o destino.

David Brody* tinha perfeitas condições para comprar a passagem aérea, mas preferia dirigir quando vinha de Montreal a Nova York, o que fazia uma vez por mês. Os negócios o traziam à cidade com freqüência, e ele conhecia o trajeto de Montreal a Nova York de cor. Adorava dirigir e muitas vezes fazia a viagem inteira de sete horas sem descanso, passando direto por paradas, lanchonetes e postos de abastecimento. Viajava à noite, quando a rodovia estava vazia e ele podia desenvolver alta velocidade sem congestionamentos até seu destino. Já havia 10 anos que vinha a Nova York dirigindo, sem nunca se deparar com nenhum problema.

Uma noite, porém, em maio de 1996, uma hora depois de sair de Montreal, algo de extraordinário aconteceu a David Brody. De repente e sem nenhuma explicação, ele se sentiu irresistivelmente exausto. Cada osso do seu corpo doía de cansaço e suas pálpebras estavam pesadas de tanto sono. Sentia-se totalmente desvitalizado, enfraquecido. Em todos os anos em que vinha fazendo essa viagem, nunca havia passado por nenhuma dificuldade. Será que estava doente?

Sem conseguir continuar a dirigir, David deixou a rodovia na saída mais próxima, dirigindo-se a um posto aberto 24 horas. Descobriu que estava num pequeno lugarejo desconhecido no norte do Estado de Nova York, do qual nunca ouvira falar.

– Oi, como vai? – cumprimentou um frentista simpático. – Em que posso ajudá-lo?

– Algum motel ou hotel aqui por perto? – perguntou David.

O frentista prontificou-se gentilmente a ajudá-lo, mas, depois de várias ligações, constataram que todos os motéis da cidade e das vizinhanças estavam lotados.

– Ora, isso é mesmo difícil de acontecer! – exclamou o frentista solícito. – A estação de turismo só vai começar daqui a duas semanas.

– Estou realmente desesperado por um lugar para dormir – disse David, tenso. – Será que não há por aqui um colégio ou um dormitório de faculdade que poderia me alugar um quarto por uma noite?

– Infelizmente não – disse o frentista. – Não mesmo.

– Bem – prosseguiu David, louco para dormir e agarrando-se a qualquer esperança –, e um asilo de idosos?

– Ah – disse o frentista, satisfeito. – Há um ali adiante e o dono, Patrick Riley*, é um cara legal. Vou ligar para ele.

Efetivamente havia um quarto vazio no asilo e David teve acesso a ele por um preço camarada. Pela manhã, reanimado por uma boa noite de sono, David pagou e agradeceu a Riley e já ia saindo quando, de repente, girou nos calcanhares e voltou à recepção.

– Acabou de me ocorrer uma idéia – disse ele a Riley. – Como já estou aqui mesmo, talvez eu pudesse fazer uma boa ação. Além de empresário, também sou rabino. Será que mora aqui no asilo algum judeu que eu poderia ajudar?

– Estranho que o senhor pergunte – respondeu Riley, com um ar espantado. – Havia um paciente judeu aqui, mas ele morreu ontem à noite. Por sinal, praticamente na hora em que o senhor chegou aqui.

– E quais são seus planos para a cerimônia fúnebre e o enterro? – indagou David.

– Bem, Samuel Weinstein* estava com quase 100 anos e sobreviveu a toda a sua família. Nos seus documentos não há nenhum registro de parentes próximos e ele não tinha onde cair morto. Não temos cemitério judaico por aqui e eu acho que o mais próximo fica em Albany, a quase 200 quilômetros de distância. Por isso, pensamos em enterrá-lo no nosso cemitério cristão, que tem uma área de indigentes reservada para esse tipo de situação.

– Ouça – disse David, preocupado –, é uma boa solução, mas, como ele era judeu, tenho certeza de que teria querido ser enterrado num cemitério judaico. Por acaso estou com minha caminhonete, pois geralmente venho para Nova York no meu Corolla. E tenho espaço na parte de trás para um caixão. Talvez o senhor pudesse providenciar a liberação do corpo para meu nome e eu o levaria comigo para providenciar um enterro judaico.

Mais tarde, naquele mesmo dia, David chegou ao escritório de uma importante funerária judaica no Brooklyn.

– Lamento muitíssimo – murmurou o gerente. – Poderíamos fazer um funeral gratuito para ele, mas não possuímos nenhuma cova no cemitério onde ele possa ser enterrado. Por que o senhor não procura a sociedade funerária judaica em Queens?

No entanto, também naquele bairro cheio de judeus da cidade de Nova York, David deparou-se com o mesmo problema. Ali também o gerente abanou a cabeça, entristecido.

– O senhor sabe, nós nunca previmos uma necessidade como essa e nunca nos preparamos para esse tipo de situação. Gostaria de poder ajudá-lo.

Quando David se voltou para ir embora, o gerente deu um grito:

– Ei, espere um instante! Acabei de me lembrar de que alguém uma vez me disse que a sociedade funerária judaica de Washington Heights, em Upper Manhattan, tem um fundo destinado a casos como esse. Por que o senhor não vai procurá-los?

Em Washington Heights, David afinal teve sucesso.

– É verdade! – exclamou um homem idosíssimo que encontrou no escritório empoeirado e desarrumado. – Nós temos um fundo especial de caridade que proporciona funerais e enterros gratuitos aos carentes. Há uns 50 anos, um rico filantropo judeu da nossa comunidade preocupou-se com a eventualidade de surgir a ocasião em que judeus pudessem morrer sem dinheiro e sem parentes. Para tratar disso, ele criou um fundo especial que adquiriu sepulturas com essa finalidade expressa. Com efeito, temos algumas sepulturas reservadas no nosso cemitério. Eu cuido de tudo – garantiu ele a David. – Mas é preciso preencher uma papelada – disse, apresentando um maço de documentos.

– Qual é o nome do falecido, por favor? – perguntou, com a caneta parada no ar.

– Samuel Weinstein.

– Ora – disse o gerente –, esse nome me parece familiar. O senhor se importa de eu dar uma olhada no corpo? – perguntou, encaminhando-se para a caminhonete.

Quando o gerente voltou ao escritório, David percebeu uma pequena lágrima escorrendo pelo seu rosto.

– Meu caro amigo – anunciou ele a David –, nós não temos só o prazer de dar a Samuel Weinstein uma sepultura no nosso cemitério. Vamos dar-lhe um lugar de honra! De fato, Deus escreve certo por linhas tortas, meu amigo. O homem que está no seu carro, por acaso, é nada mais nada menos do que o filantropo que originalmente estabeleceu o Fundo Para Enterros Gratuitos. Ele vai descansar na sepultura que ele próprio comprou. Sua viagem foi longa e trabalhosa, Sr. Brody. Mas, graças aos seus esforços tão louváveis, Samuel Weinstein foi de fato trazido de volta ao seu lugar de direito!

Comentário

Nossos atos são como pedras atiradas num rio. O impacto dos seus efeitos forma ondulações infinitas.

Allen Falby, um policial rodoviário de El Paso County, e Alfred Smith, um empresário, conheceram-se numa noite quente de junho, quando Falby sofreu um acidente de motocicleta.

Ele vinha correndo pela estrada para ultrapassar um caminhão em excesso de velocidade, quando o veículo reduziu a marcha e Falby colidiu com sua traseira a toda a velocidade. O acidente destruiu sua moto e quase amputou uma de suas pernas. Enquanto jazia em agonia no asfalto, uma poça de sangue começou a se formar por baixo da perna destroçada. Ele havia rompido uma artéria na perna e estava se esvaindo em sangue.

Foi então que o destino uniu Smith e Falby.

Smith vinha voltando para casa pela estrada quando viu o acidente. Chocado, porém alerta, já estava fora do carro e debruçado sobre o ferido quase antes do barulho da colisão ter desaparecido no ar da noite.

Smith não era médico, mas pôde ver o que precisava ser feito com o policial à morte. Arrancou a gravata do pescoço e amarrou a perna de Falby num torniquete improvisado. Funcionou. O fluxo de sangue diminuiu e depois parou por completo. Quando a ambulância chegou, alguns minutos mais tarde, Smith foi informado de que havia salvo a vida de Falby.

Cinco anos depois, na época do Natal, Falby estava no turno da noite quando recebeu um chamado pelo rádio do quartel central para ir investigar um acidente ao longo da rodovia. Um carro havia batido numa árvore e havia um homem em estado grave.

Falby chegou ao desastre antes da ambulância. Abrindo caminho em meio a um grupo de transeuntes assustados, encontrou o ferido jogado inconsciente no assento rasgado do carro.

A perna direita das calças do homem estava impregnada de sangue. Uma importante artéria havia sido cortada e ele estava morrendo com a hemorragia. Treinado em primeiros socorros, Falby rapidamente aplicou um torniquete acima da artéria seccionada. Quando a hemorragia parou, ele tirou o homem do carro e o deitou no chão.

Foi quando Falby reconheceu a vítima. Era Alfred Smith, o homem que havia salvo sua vida cinco anos antes.

O destino mais uma vez reunia os dois homens – e os dois encontros haviam tido a mesma finalidade: para que um salvasse a vida do outro exatamente da mesma forma.

– Bem... – disse Falby a Doug Storer, do *National Tattler*, que foi o primeiro a publicar a matéria – é como se diz: o bem com o bem se paga.

Comentário

Quando passam por alguém que precisa de ajuda, as pessoas costumam pensar: "Estou ocupado. Vou deixar que outro pare. Não precisa ser eu."

Mas, e se a pessoa que estiver precisando da ajuda for você mesmo, só que ainda não chegou a hora de perceber isso com clareza?

Numa vitrine envidraçada do Museu Marítimo de Filadélfia há um exemplar amarelado e desgastado de um romance publicado em 1898, de autoria de Morgan Robertson. O romance, uma obra de ficção, relata a história do naufrágio de um navio grande, veloz e luxuoso, descrevendo todos os detalhes e acontecimentos que resultaram naquilo que o livro descreve como o maior desastre oceânico da história.

No romance, Robertson descreve um navio enorme, praticamente um colosso, considerado insubmergível, que parte em sua primeira viagem no mês de abril. Ele pretende estabelecer um recorde, e algumas das figuras mais ricas e influentes da sociedade tanto européia quanto norte-americana estão a bordo. Ele segue veloz pelas rotas do Atlântico Norte quando, de repente, bate num iceberg e afunda rapidamente. A bordo havia um número insuficiente de botes salva-vidas e, conseqüentemente, ocorre uma enorme perda de vidas.

O nome do navio fictício de Robertson?... *Titan*.

Quatorze anos depois, em abril de 1912, o famoso *Titanic* afundou. Os detalhes da história de Robertson (intitulada *O naufrágio do Titan*) demonstraram uma semelhança assombrosa com os acontecimentos verdadeiros do naufrágio do *Titanic*.

O *Titan* fictício tinha 3.000 pessoas a bordo; o *Titanic*, 2.207. Os dois eram considerados insubmergíveis, em virtude de compartimentos supostamente estanques, e os dois fizeram sua primeira viagem em abril. O comprimento do *Titan* era de 800 pés; o do *Titanic*, de 882,5; e os dois tinham três hélices. A velocidade do *Titan* no momento do impacto com o iceberg era de 25 nós; a do *Titanic*, de 23. O deslocamento do *Titan* era de 75.000 toneladas, ao passo que o do *Titanic*, de 66.000. E, enquanto o número de botes salva-vidas no *Titan* fictício era ínfimo – uma quantidade assustadoramente baixa de 24 –, os botes do *Titanic* eram ainda em menor número – apenas 20.

Epílogo

Quando estávamos preparando a publicação de *Pequenos milagres*, vivemos uma "coincidência" tão significativa que decidimos incluí-la neste livro.

Ao criar a Editora Salamandra há 30 anos, Geraldo Jordão Pereira decidiu que só publicaria livros infantis que aliassem qualidade literária a um conteúdo capaz de criar uma visão crítica da realidade – vivia-se em plena ditadura militar –, levando seus pequenos leitores a refletir e sonhar com uma sociedade mais justa e feliz. "A esperança de um mundo melhor está na criança", repetia ele, "e é nela que quero investir." O próprio nome da editora fora escolhido com uma intenção idealista, visto ser a salamandra o animal que passa pelo fogo sem se queimar.

A Salamandra passou por várias etapas: conheceu grandes crises, chegou a ser vendida e recomprada, incorporou ao seu catálogo livros de arte e, durante alguns anos, produziu para empresas agendas magnificamente ilustradas. O catálogo infanto-juvenil desenvolveu-se e, pela qualidade dos textos, ilustrações e tratamento gráfico, adquiriu excelente conceito no mercado editorial. Fiel ao seu nome, a Salamandra atravessou o fogo de todas as dificuldades.

Em 1988, um amigo trouxe para Geraldo Jordão Pereira a cópia xerox de um livro que considerava interessantíssimo e que tratava de um tema que parecia estranho na época: reencarnação e terapia de vidas passadas. O livro se chamava *Muitas vidas, muitos mestres*, e seu autor, Brian Weiss, além de formado em Columbia e Yale, era chefe do Departamento de Psiquiatria do Mount Sinai Hospital, em Miami. Contra a decisão do Conselho Editorial, Geraldo decidiu publicar o livro. E este foi o começo de uma profunda transformação na empresa. O sucesso deste livro levou à publicação de muitos outros e à decisão de criar uma linha editorial que contribuísse para o crescimento espiritual e a realização humana.

Resolveu-se criar para esta nova linha uma editora separada, e para ela era necessário escolher um nome. Grandes discussões e debates na família, pois, a esta altura, dois filhos e a mulher de Geraldo trabalhavam na Salamandra. Pégaso, Astrolábio, Unicórnio, cada um sugeria e os demais bombardeavam a sugestão. Finalmente houve consenso em torno de Persona, mas, para desapontamento geral, o nome já estava registrado por outra empresa.

SEXTANTE conseguiu adesão da maioria. O nome soava bonito e o fato de ser um instrumento de orientação para que os navegantes encontrassem seu rumo parecia adequado ao objetivo da nova editora. Como o nome estava livre, a decisão devia ser tomada.

Geraldo estava no escritório de sua casa à noite e, sem que soubesse a razão, pegou distraidamente a agenda feita pela Salamandra, em 1996, para uma empresa e pôs-se a folheá-la. De repente, focalizou o olhar na figura que encimava a página do dia 6 de agosto de 1996: era o dia do aniversário de seu filho Marcos, que entrara como boy na Salamandra, em 1981, e era agora seu diretor-superintendente. Era também a data da chegada de Brian Weiss ao Brasil, em sua primeira visita para fazer a divulgação dos livros publicados pela Salamandra. A figura que se encontrava no alto da página, entre o registro do aniversário de Marcos e o da chegada de Brian Weiss, era a de um magnífico sextante! Ficamos impactados, comovidos, felizes, entendendo aquele fato como um sinal do acerto de nossa escolha e do nosso desejo de fazer da SEXTANTE um instrumento precioso na busca da paz interior, do autoconhecimento e da felicidade.

Informações sobre os próximos lançamentos

Para receber informações sobre os lançamentos da Editora Sextante , basta enviar um e-mail para atendimento@esextante.com.br ou cadastrar-se diretamente no site www.sextante.com.br

Para saber mais sobre nossos títulos e autores, e enviar seus comentários sobre este livro, visite o nosso site: www.sextante.com.br

Editora Sextante
Rua Voluntários da Pátria, 45 / 1.404 – Botafogo
Rio de Janeiro – RJ – 22270-000 – Brasil
Telefone: (21) 2286-9944 – Fax: (21) 2286-9244
E-mail: atendimento@esextante.com.br